企业财务管理数字化转型研究

——如何构建智慧财务系统

王宏利　彭　程　著

中国财经出版传媒集团
中国财政经济出版社

图书在版编目（CIP）数据

企业财务管理数字化转型研究：如何构建智慧财务系统／王宏利，彭程著．-- 北京：中国财政经济出版社，2021.10

ISBN 978－7－5223－0800－5

Ⅰ.①企…　Ⅱ.①王…　②彭…　Ⅲ.①企业管理－财务管理－数字化－研究　Ⅳ.①F275

中国版本图书馆 CIP 数据核字（2021）第 190941 号

责任编辑：樊　闽　　　　责任印制：张　健

封面设计：陈宇琰　　　　责任校对：徐艳丽

企业财务管理数字化转型研究——如何构建智慧财务系统

QIYE CAIWU GUANLI SHUZIHUA ZHUANXING YANJIU

—RUHE GOUJIAN ZHIHUI CAIWU XITONG

中国财政经济出版社 出版

URL：http：//www.cfeph.cn

E－mail：cfeph@cfeph.cn

社址：北京市海淀区阜成路甲 28 号　邮政编码：100142

营销中心电话：010－88191522

天猫网店：中国财政经济出版社旗舰店

网址：https：//zgczjjcbs.tmall.com

北京财经印刷厂印刷　各地新华书店经销

成品尺寸：170mm×240mm　16 开　8.25 印张　131 000 字

2021 年 10 月第 1 版　2021 年 10 月北京第 1 次印刷

定价：45.00 元

ISBN 978－7－5223－0800－5

（图书出现印装问题，本社负责调换，电话：010－88190548）

本社质量投诉电话：010－88190744

打击盗版举报热线：010－88191661　QQ：2242791300

前　　言

随着科学技术的发展进步，大数据、人工智能、物联网、区块链等新技术不断涌现，企业财务面临深刻变革，财务行业正在全力破局，探索未来的蜕变之路。与此同时，2020 年受新冠肺炎疫情的冲击，证券注册制全面推行，财务领域面临着更多严峻考验。比如，企业业务规模缩水、债务结构变化、资产收益率降低、不良资产率上升等，这对企业精准经营分析、快速决策响应提出了更多挑战和更高要求。为了满足企业数字化转型的时代要求，智慧财务体系应运而生。

未来财务的“智慧”体现在采用最新的自动化与分析技术为财务部门提供关键见解，指引业务决策，引领创新。因此，要想在未来的市场中取得竞争优势，企业的财务部门必须深刻理解如何通过智慧财务体系搭建，支撑未来的数字化变革。本书借鉴国内外同业领先实践，基于金融科技发展趋势与未来数字化转型要求，为企业提供智慧财务体系建设服务，帮助客户优化财务组织架构、流程与制度、系统与数据，构筑战略决策、业务驱动、数据经营、科技赋能四项能力，推动智慧财务转型落地。

智慧财务符合当代的生产与生活需要，也是供给侧结构性改革的重要领域。本书综述了智慧财务的发展现状、时代需求与实施策略，希望能给人以启迪。目前，企业的规模逐渐壮大，财务信息化需求凸显；企业信息化不断健全，财务信息化大力推进；数据科学不断应用，财务决策迈向智能化；大数据技术持续赋能，集团财务数据共享化；资金管理迈向精细化，供应链功能日趋强大；财务审计更加数字化，电子凭证管理模块化。基于此，应该实现财务信息化，促进财务数据高效收集；实现财务数据规范化，满足年度审计需求；实现凭证电子化，提高业务运营效率；实现报表分析多样化，满足企业运营需求；实现财务管理精细化，支持投资科学决策；实现供应链信息管理，促进企业高效运转；应用物联网技术，提高仓库管理能力。

智慧财务可以实现企业自上而下精准运营。智慧财务可以从顶层规划集团公司的财务业务，明确集团总部对其子公司的财务控制水平和范围，规范和简化集团内部与财务相关的业务流程，避免不同地区业务部门之间标准执行的偏差和内部管理混乱的黑洞现象，进一步优化集团总部和子公司的财务状况、人员配备、设备设施、系统实施等，更多的数据得到处理，在统一的平台下进行显示和比较，管理和业务更加透明和规范，减少人工调整的空间，工作流程更加统一，操作要求更加明确，显示结果更加合理，提高标准化，业务处理的科学性和准确性，从管理上降低运营成本，增强竞争力。

智慧财务可以实现企业的多元化整合。智慧财务将模糊财务与其他业务职能的界限，使组织间的运营模式更加灵活。通过运营模式的转变，财务将促进与业务部门的合作，使财务组织能够更多地发挥业务伙伴的作用，参与业务决策，促进业财融合。智慧财务将不再局限于企业在后台的定位，而是直接为业务团队提供支持。智慧财务更加强调财务分析和见解。它将不再仅仅衡量过去的绩效，而是提供前瞻性预测，指导业务决策，并提高问题解决的准确性和有效性。因此，智慧财务应该摆脱过去业绩的束缚，大胆展望未来，不断创新，为新业务、新模式提供量化的分析框架。通过整合数据库，实现从业务发生到财务分析的全过程数据管理自动化，我们将更加关注资源配置的准确预测。实现企业资本的动态配置和管理，支持资源配置、核心领域与新领域的平衡、收益与风险的平衡，实现企业整体效益的最大化。综上所述，通过构建财务预测模型并不断提高模型的准确性，智慧财务可以帮助管理层从更高、更远的角度展望企业未来的发展方向。

智慧财务可以升华企业的“灵魂”。在当今无处不在的互联网技术时代，个人用户和企业主体生成的数据将成为许多新服务和应用程序的数据支持。通过应用相应的数据挖掘技术，企业可以及时获得完整的业务目标，发现潜在的商机。企业只有充分利用先进的大数据技术，积极完善经营机制和生产模式，适应市场需求的变化，才能在瞬息万变的市场竞争中脱颖而出，提供同行业竞争对手无法提供的产品和服务。在全球经济一体化的市场竞争中，财务部门需要为企业决策者提供更有效的支持，不仅是传统的业绩核算和预算控制，还包括公司的经营和风险预测，从传统的财务会计到更加全面有效的管理会计，在保持企业当前良好经营状况的基础上，实现新的价值创造，使财务工作在企业内部绽放新的价值。目前，移动通信、云计算、大数据、人工智能等各种信息技术层出不穷，财务功能转型也得到了更多的技术支持；同时，财务共享服务中心的概念也为职能转变提供了思路方向。总的来说，以大数据为代表的大智移云时代的到来，为财务功能的价值创造和模式转换带来了新的挑战和机遇。

智慧财务将改变企业的决策模式。决策主体方面，企业的决策主体已不再局限于传统的企业主管理层。企业所有员工都有机会参与相关环节的决策。他们的选择将更加体现多元化的特点，具体的决策过程也将更加复杂。决策权分配方面，大数据技术的引入将使企业决策的组织结构扁平化，权力的分配将更加显著。决策思维方面，不再主要依靠管理经验和决策者的判断，而是逐渐转变为“数据决策”。在决策文化方面，随着数据规模的扩大和数据技术的不断引入，数据在企业决策中的重要性不断提高，并逐渐上升到“数据驱动决策”的水平。

企业需要不断寻求财务管理转型的方向，设计财务组织、选择财务模式、运用科技为财务体系赋能。通过构建起智慧财务管理系统，利用先进的信息技术为企业相关财务核算部门提供更加精准、方便同时可操作数据量更大的财务数据库，能够为企业的具体经营状况产生一个更加精准的有效反映，进而使得企业财务数据在生产经营活动中能够发挥出更大的商业价值。企业要在未来的市场中取得竞争优势，企业的财务部门必须深刻理解如何通过智慧财务体系搭建，支撑未来的数字化变革。

王宏利

2021 年 8 月

目 录

1

财务智慧研究概述

1.1 财务智慧研究背景

（1）企业的规模逐渐壮大，财务信息化需求凸显

自改革开放以来，我国经济迎来高速发展时期，国内企业数量不断增加，同时企业规模也不断扩大，加之近几年互联网技术的高度普及，越来越多的企业开始着手于构建独立的财务共享服务中心，以云平台、大数据等互联网技术为依托，将集团公司分散重复的基础财务业务与集团各子公司的财务工作分离，汇集至高度集中的财务组织中，以积极推动集团公司不同地区的子公司在统一平台上提供统一标准、专业化业务、响应高效的标准化服务，实现资源集中共享，降低运营成本，加强风险控制，提高企业盈利能力，服务集团总体战略蓝图。

财务数据的信息化能够将所属子公司大部分财务工作统一到平台上，执行一致的预算管理、会计手册管理、固定资产管理、司库管理、差旅和会议费用管理、稽查管理、财务管理信息系统管理、重大财务会计事项报告等制度与标准，做到财务工作集中统一、有法可依、有章可循、风险可控，能让

集团总部及时掌握各子公司的财务经营状况，具有更快的反应速度和更高的信息透明度，实现有效管控。同时，通过对财务共享服务标准的梳理，能够从顶层对集团公司财务业务进行策划，理清集团公司总部对于子公司的财务管控层次与范围，实现集团内财务相关业务流程的标准化和简化，避免不同地区业务部门之间标准执行偏差和内部管理混乱的黑洞现象，进一步优化集团总部及子公司财务凭证数量、人员编制、设备设施、制度执行等，使更多的数据在一个统一平台下进行处理、展示和比较，促使管理和业务变得更加透明化、规范化，减少人为调整空间，使工作流程更加统一、操作要求更加明确、展示结果更加合理，提高财务业务处理的规范性和一致性，也从管理上降低运行成本，提升竞争力。

（2）企业信息化不断健全，财务信息化大力推进

据工业和信息化部统计，2018 年我国软件和信息技术服务业规模以上企业达到 3.78 万家；总计软件业务收入约 6.30 亿元，相比 2016 年数据增长约 14.2%；当年累计净利润为 8079 亿元，相比 2016 年数据增长约 9.7%；另外该行业从业人员的人均收入高达 98.06 万元，相比 2016 年数据增长约 9.6%。

大数据时代下，企业转型升级的自我追求与人力成本提升的现实条件同时存在，诸多企业集团开始关注信息技术对于企业成本、业务运营等方面的积极影响，这些组织也逐渐开始主动积极地推动自身信息管理系统的构建，并在这方面不断加大成本投入。智能制造的发展离不开企业自动化、信息化的发展。企业的信息化发展重点关注的是企业在产品研发、生产、销售以及相应服务等整个业务流程中能够实现数据的有效流动，使业务运行高度数字化。企业信息化的特点是研发设计、生产调度、运营管理和营销分析软件的深入应用。而作为智能制造的技术基础以及应用支撑，包含这些软件种类的工业软件应用则是智能制造发展中十分重要的核心灵魂和风向标。

近几年，国内用户的企业信息化需求逐渐发生改变，由传统信息系统的基础建设需求转向了自身的业务发展需求。基于此，由于各行各业自身特有的行业特点，其对相关应用软件、连接应用软件与底层操作软件的中间件、基于现有系统的专业服务等提出了更加个性化和独立的需求。由此可见，作为推动国民经济增长和社会稳定发展的基础性、战略性产业，企业信息化服

务的提供逐渐受到全国乃至全世界企业、政府的高度重视和支持。一般情况下，IT 技术的发展水平越高，企业信息系统的搭建对于业务运转的高效运行效果越发凸显，对于企业改进管理方式的重要作用越发显著，长此以往也会不断地推动企业战略价值的提升，反过来又可以扩张 IT 服务市场的增长空间并推动其产业发展。

（3）数据科学不断应用，财务决策迈向智能化

我国制造行业的发展困境在于存在众多老旧的设备，相关生产数据收集难度较高且难以共享，设备孤岛现象明显，企业生产效率有待提高，缺乏统一管控生产、销售、服务的集中调度平台。作为时代发展的主题和趋势，互联网技术的普及为制造业的发展困境提供了一剂良药。近几年，“互联网 +”、中国制造 2025 以及工业 4.0 等概念的相继提出，使工业互联网逐渐成为国内外投资者的热门关注领域，也意味着制造行业未来互联网化、数字化、智能化的发展趋势。另外，由于移动互联网、云技术等相关 IT 技术的普及应用，互联网每小时产生的数据逐渐呈现出高达兆亿级的增长趋势，数据量级的爆发式增长和数据模式的高度复杂化同时存在的情况下，企业发展必须跟上大数据的时代脚步。

大数据是近几年提出的全新概念，相应的企业管理方式也是一种全新的尝试。大数据对于企业管理决策产生的影响主要体现在以下四个方面：在决策主体上，企业的决策主体不再局限于传统的企业主要管理层上，企业全员都有机会参与相关环节的决策，其选择会更加体现多元化的特点，具体的决策流程也会更加复杂；在决策权力的配置上，大数据技术的引进会使得企业决策的组织结构朝向扁平化方向发展，权利分配会更加显著；在决策思维上，不再主要依靠管理层经验以及决策者的直接判断，而逐渐由这种“直觉决策”的思维方式转变为“数据决策”的思维方式；在决策文化中，随着数据规模的扩大和数据技术的不断引入，数据在企业决策中的重要性不断提高，并逐渐上升到“数据驱动决策”的水平。以上四个方面是企业的管理决策发生变化的主要内容，这些变化得益于大数据时代的到来，为企业管理模式的创新带来了新的机遇和动力。

（4）大数据技术持续赋能，集团财务数据共享化

目前我国的企业发展已经进入“向管理要效益”的阶段，企业在当今

时代寻求发展，必须将相应的计算机技术融入财务管理模式的创新中，大数据作为社会转型和企业转型的主题，也给企业财务数据管理带来了新的机遇和挑战。作为一种主要有计算机技术推进发展的财务管理方式，财务共享服务不仅仅是 IT 技术在企业财务管理中的简单扩散，还应该是企业管理充分结合相应 IT 技术的创新过程。充分利用新兴计算机以优化企业管理体系，并构建相应的财务共享服务中心，是众多大型企业在寻求企业发展以及企业转型中不可避免的难题和挑战。鉴于各自企业都存在其特殊性，在主营业务、运营模式、企业结构以及管理模式等方面都有所不同，因此企业对于财务共享服务中心的需求也有所差异，为确保共享服务中心的成功搭建和高效运营，企业有必要根据面临的内外部环境特点，具体情况具体分析，拟定合理有效的平台规划。

在互联网技术无处不在的当今时代，不论是用户个人还是企业主体产生的数据都将成为众多全新服务、应用的数据支撑。通过应用相应的数据挖掘技术，企业能够及时获取完整的目标数据，挖掘发现潜在商机。企业只有充分利用先进的大数据技术，积极改进运营机制、生产方式以适应市场需求的变动，才能够在瞬息万变的市场竞争中脱颖而出，提供同行业竞争者无法提供的产品与服务。在全球经济一体化的市场竞争中，财务部门需要为企业决策者提供更多的有效支持，不仅仅是传统的业绩核算、预算管控，还包括公司运营、风险预测等内容，由传统的财务会计转向更加全面、有效的管理会计，在维持企业当前良好运营状况的基础上实现新价值的创造，使得财务工作在企业内部绽放全新价值。目前，移动通信、云计算、大数据以及人工智能等各种信息技术接踵而至，财务职能的转型也获得了更多的技术支撑；同时，财务共享服务中心这一概念的提出，也为职能转变提供了思考方向。总体来说，以大数据为代表的大智移云时代的到来，为财务职能的价值创造以及模式转变提出了全新的挑战与机遇。

北京国家会计学院编制的《2015 年中国金融共享服务中心研究报告》中提到，目前我国企业的财务共享服务中心主要提供的职能还是会计核算、费用管理等传统财务会计功能，而大数据技术的用途主要在于相关财务数据的处理，比如成本预算、盈利分析等方面发展的关键在于围绕财务共享服务中心的数据处理上边。所以，我们在制定战略规划时，需要兼顾成本管理、企业管理等近期需求，同时也要积极地应用大数据的技术、思维，为企业的长期稳定发展建立起强有力的决策支撑机制，将财务与管理进行充分结合，在维持原有价值不变的基础上追求全新价值的创造。

（5）资金管理迈向精细化，供应链功能日趋强大

目前，财务管理水平已经成为现代企业管理水平的重要体现，而资金管理水平则成为财务管理的核心。资金管理是众多企业面临的难题，也是企业内部管理争论的焦点。由于企业的资金管理需要运用科学的方式方法，并通过有效的管理制度来进行规范运行，所以企业对资金管理的有效性、科学性要求比较高。只有通过合理的资金管理，才能不断提高企业的财务管理效率，不断增强财务风险应对能力。因此，必须加强资金管理，使资金使用效率最大化，从而提高企业的综合竞争力，促进企业的长期健康发展。作为一个企业，我们必须思考如何提高资本效率和收益，从而解决一些经营问题。资本是企业经营的主要因素之一，是企业日常经营中不可忽视的关键。加强和改进企业财务资金管理，既是实现管理创新、提高企业管理水平的重要环节，也是落实现代企业制度管理基本规范的迫切需要。现代企业要实现可持续发展，不断提高核心竞争力，就一定要完善和提高企业资金管理体系，进一步完善相关管理思路，健全和强化资金管理效能，更好地提高现代企业财务资金管理效率，从而建立起科学合理的资金管控流程。所以，企业要制订好经营管理战略与策略，采取切实可行的措施，不断加强财务资金管理，只有这样，企业才能有效地进行生产经营，不断发展壮大。在大数据时代，财务管理模式的变革与创新，不仅需要满足市场竞争的具体要求，同时还应充分考虑企业长远发展的自身需要。

日益完善的企业供应链，是保障企业各项工作高效开展的有效手段，对企业自我价值的提升起着推动作用。在新形势下，企业财务管理面临着巨大的挑战。如果继续沿用原有的会计核算方法，很难提高企业的工作效率，不利于各种业务资源的整合和优化，对财务工作的开展产生不利影响。针对这种情况，财务管理应充分利用先进技术，构建金融供应链下的新型财务管理模式，不断分析财务管理模式的应用，实现财务信息资源的优化整合，实现资源共享。在企业财务管理模式创新过程中，应根据企业的实际业务情况，构建供应链下的管理体系，使财务管理与网络企业有效结合，并不断丰富财

务管理的技术内涵，发挥科学技术的优势，降低财务管理风险的发生概率，提高财务管理工作的效率。此外，金融供应链管理体系的创新和完善对于财务管理相关工作的实施尤为明显，从而提高了财务应对风险的能力。对于相关技术的应用，财务管理目标将会更加容易实现。此外，金融供应链管理体系的创新和完善对于财务管理相关工作的实施尤为明显，从而提高了财务应对风险的能力。对于相关技术的应用，财务管理目标将更容易实现。此外，供应链功能的提升对企业的影响也不仅限于：一是财务信息更加灵活，信息时效性更高，更符合企业高效运营的要求；二是以金融供应链为基础，创新企业财务管理模式，充分利用现代先进技术，推动财务信息自动化处理，助力财务信息价值最大化；三是企业财务管理模式创新，能够从根本上提高企业的经营管理水平，提高企业的核心竞争力。因此，创新企业财务管理模式必须做好各项相关工作，加强财务供应链下企业工作的部署和战略调整。

（6）财务审计更加数字化，电子凭证管理模块化

伴随大智移云技术的不断发展和普及应用，国内企业的财务审计业务不可避免地需要及时引进 IT 技术，以完善业务发展需要。只有在不断创新的环境下财务审计才能更好地发挥其作用，进而提升我国财务审计的水平。在大数据高速发展的形势下，为了更快、更有效地实现财务审计改革的目标，财务审计工作应该不断进行创新、改进。首先，要强化财务管理者和审计人员的创新意识，提高运用大数据技术进行财务审计的能力，加快财务审计改革，提高财务审计水平。其次，为适应大数据发展的形势，要不断创新财务审计工作，不断提高财务审计人员对大数据技术的利用率，倡导财务审计人员逐步将大数据技术应用到财务审计工作中，从而提高他们的工作效能。最后，随着社会的不断发展，中国的大数据技术也在不断加强。为了加快大数据技术在财务审计中的利用效率，需要构建科学的信息化审计体系，有效提高审计工作中信息化数据处理的效率，提高数据信息的综合管理和利用率。提高大数据技术利用率，确保企业发展速度。随着电子专用发票的加快实施，对企业会计凭证的电子录入、报销和归档提出了更高的要求，企业发票电子系统建设需要提上议事日程。随着技术手段的不断完善，政府对智能电子企业的要求也越来越严格。财政部、国家税务总局和国家档案局经常就专用发票和电子档案的电子化发布政策调整，涉及发票开具、扣除、电子档案

和其他调整。建立电子会计档案管理是企业面临的新课题。电子档案会涉及很多系统，包括业务系统、财务系统、核心系统、成本控制系统和档案系统。在数据处理方面，包括数据流转的规则控制及数据整合。财务部门掌握了大量的数据，财务人员往往熟悉财务管理，缺乏软件操作技能，这也对财务人员提出的新挑战。越来越多的企业意识到电子化对企业未来战略发展的重要性，开始实践电子信息框架的构建，但企业在信息化建设过程中遇到了各种困难。新形势给企业带来了严峻的挑战和发展机遇，面对不断更新的技术变革，企业应建立自己的数字智能行业财税档案集成系统，以应对未来的变化趋势。

1.2 财务智慧研究意义

(1) 实现财务信息化，财务数据高效收集

新时期，随着企业的不断发展，借助越来越成熟的信息化系统，能够有效地促进企业的不断进步，当然，信息化系统中的软件能够更加高效系统地不断增强整体的企业信息化程度，也能够避免传统意义上财务管理过程中可能产生的无效和繁杂等问题，有效提高企业的管理效率，也能够节约企业的工作时间。在基于信息技术构成的信息化管理体系过程中，能够加强企业各个部门之间的沟通和联系，帮助实现整体的企业财务管理工作的优化创新。针对企业财务管理，应当做好对于信息化系统体系的建设，帮助企业实现更加现代化和科学化的进步和发展。

针对当前现代企业的财务管理体系，应当借助信息化、网络化和智能系统来推动实现信息化。财务管理工作能够不断确保财务管理工作更具前瞻性、科学性和合理性，帮助增强整体的财务管理信息的效果。在进行财务管理过程中，应该积极借助网络信息技术为企业的财务管理创建坚实的阵地，并以此来构建起新的财务管理模式，实现信息科技和现代化的经营管理方式的有效结合，确保整体的企业经营管理与财务信息资源共享，不断增强财务和财务部门多样化的财务信息需求。所以企业在经营管理过程中应当基于《企业财务准则》做好企业财务部门和其他部门之间的沟通和交流，并构建起可操作的方法。另外，企业应当要求相关职能人员，结合自身的经营管理

需求和发展需要，做好对于核心数据数字化资源的把控，构建起专业数据库和财务信息数据库等多样化的数据资源，不断实现财务信息之间的共享。

现代企业的信息化管理，能够帮助提升企业财务管理工作的科学性和规范性，所以在进行企业财务管理系统的建设过程中，往往会涉及数据管理、资金管理系统多元化的内容，传统意义上的人工管理模式，往往会由于多种因素的影响产生一定的收入，对于整体的企业财务管理质量提升产生不同的影响，也会造成企业的财务管理质量和效率有所降低，开展相应的信息化管理工作，能够做好更加多样化的财务管理数据和财务资料的有效性、规范性的录入，并确保财务管理的资料安全性，保障企业财务管理工作更加科学和规范。

（2）财务数据规范化，满足年度审计需求

由于当前企业信息管理的多样性特征，在进行企业管理过程中，要将传统意义上的管理理念有所更新，并通过新时期的管理理念来进行工作。同时也应该实现与现阶段的信息技术的有效结合，做好更加完善的工作理念的转变。现代企业的经营管理过程中，应当有效结合新时期的企业发展需要，做好对企业财务管理的有效性更新。应当积极借助现代化的管理信息技术和工具，构建起新型的信息管理系统，帮助做好财务管理系统的优化，在这种财务管理过程中，可以借助现代化的金融管理信息系统。通过云计算来做好对于财务信息的计算和处理，不断提高企业财务信息的真实性和准确性。当然，还可以根据不同的管理信息需要引进新型的核算体系，不断地完善财务管理和增强信息的真实性，确保企业财务管理质量的有效提升。

针对企业的财务管理系统，应当构建更加标准、统一的财务管理流程，确保多元化的工作更加规范具体，避免可能产生其他的多余操作。不断增强财务信息的工作效率，进行信息化和技术化的管理，能够将各地机构不同的业务有效性展开。通过多样化的信息化、标准化的建设，能够确保整体的财务业务处理的标准化，也能够实现对于企业财务职能机构的规范性设定，帮助实现更加完善的财务控制和财务管理，不断增强企业财务管理质量。

（3）电子凭证电子化，提高业务运营效率

财务智慧将会计凭证进行电子化之后，有利于提高集团公司及不同行业分支机构之间信息传递和集中管理的时效性，实现财务信息数据集中管理和远程共享，加快财务信息数据处理、传递、汇总、合并及分析管理的速度。经由以上步骤，系统使用者能够对集团公司以及不同行业分支的相关财务信息进行及时、全面的把握，其中包括且不局限于资产管理数据、合同执行相关数据、财务成本数据等企业生产经营活动相关的信息，为实现集团所属各企业集中远程实时账务操作和处理，优化资源配置，集中合理控制资金，为及时全面了解财务状况提供便利，整个公司的经营成果和现金流量，加快了财务信息数据传递和沟通的效率，降低了财务信息传递成本。

此外，通过对不同行业的企业信息进行分类、汇总、整合、分析和管理，有利于集团管理层实时监控企业生产经营中的风险，为减少财务分析提供超前解决方案，加强企业内部控制管理和预算管理。对不同行业的企业信息进行分类、汇总、整合、分析和管理，也有利于本集团管理层实时监控企业生产经营中的风险，提供提前解决方案，减少财务风险，加强企业内部控制管理和预算管理。

（4）报表分析多样化，满足企业运营需求

对数据进行可视化处理指的是对于财务数据的展示，我们从传统的数字表格的形式变换为更加直观的图片展示，或者曲线图表展示，这样的方式能够使得我们的数据展现更加直观、更加简洁。一方面能够满足不同使用者的个性化需求，另一方面也能够帮助使用者快速地理解数据的真正含义。通过财务数据可视化的方式，财务数据共享中心的构建水平获得了极大提高，同时传统分权式的财务模式也在深层次上进行了相应的变革，企业的管理成本、生产效率以及企业资源的利用率都由此获得了极大的改善，使得企业在瞬息万变的市场竞争中提升了其核心竞争力。将财务数据以数据分析的理性逻辑进行充分结合之后，财务数据的可视化对于企业的有效决策和预算管理都具有重要的意义。通过简洁明了、直观有效的数据信息展示和分享，企业在财务数据的具体管理实践中，都对财务数据可视化这一有效的数据处理方式表示认可。

在大数据背景下，企业对财务数据的处理更多属于联机分析处理，多用于对企业经营管理人员的辅助决策分析，为管理人员制订一个企业未来的市场经营和管理发展计划提供了辅助分析和决策的信息。数据挖掘技术是大数据的核心技术，它是一种技术过程，用于快速发现、分析和处理大型系统数据库，并提取其中可能隐藏的相关数据和系统信息。数据挖掘与分析技术也广泛应用于财务报表的数据分析中，可以帮助财务人员挖掘财务数据背后的关联，发现被忽略的信息，而这些隐藏信息对于预测财务趋势和进行财务决策十分有用。在大数据时代，相应的数据处理技术的引进，使企业拥有更多的方式方法去处理自身的财务信息并挖掘更多的财务价值，以此提升企业对于财务数据的管理能力；同时大数据的数据处理方式，也使企业的传统数据方式走向了智能化、远程化、实时化的发展方向，使财务数据信息的实施更新逐渐成为可能。

财务数据作为企业财务运行的具体分析指标，可分为经营能力、偿债能力、盈利能力和发展能力等数据部分。由于财务数据涉及整个企业各种业务、各个部门的生产经营活动，所以其中涉及的特有名词、计算公式以及度量标准都各不相同，对于不了解具体运营业务以及不具备相关财务知识的数据使用者而言，财务数据的使用是比较困难的。而财务数据的可视化处理，则能够有效地解决这一困境，其能够将大数据技术与相关的财务数据进行结合，使传统的数据数字形式，以更加直观简洁的图形图表的形式进行展示。财务数据的重要性是不言而喻的，所以更加简洁的财务数据分析方式，对于企业长远的发展十分重要甚至具有决定性的作用。

（5）财务管理精细化，实现投资科学决策

随着外部市场竞争环境的日趋激烈，中国已经结束了经济快速增长的阶段，进入了经济高质量发展的时代，经济总量的外延式增长已经逐渐被经济质量要求的内涵式发展所替代，在瞬息万变、日益复杂的市场竞争中，企业需要充分利用各种资源和优势，才能在其中脱颖而出。作为企业运营的资金来源，企业需要研究如何提高企业资金的预算精度与管理水平，这对于企业的长远发展至关重要。财务智慧管理通过集团财务的信息化加强了集团管控模式下的财务监管，为企业领导层实时掌握企业经营管理，做到预先计划、过程监控和深入管理相结合的财务集中监管创造新的信息化条件，有利于企业集团资金集中管理，通过对不同行业分支机构经营资金需求的掌控，有助于提高集团资金管理的安全性，增强资金的使用效率，实现资源的最优配置。

现代企业在创新发展和转型升级的过程中，对财务工作的依赖性进一步增强。在传统财务管理模式下，由于资金配置不合理、严重浪费的问题并不少见，不仅损害了企业的经营效益，而且容易因为资金周转不畅导致战略计划难以顺利开展，使企业错过重大发展机遇。通过改进财务工作的基础环节、提升资金预算的管理水平、优化财务资金的具体使用等方式，公司财务的精细化管理能够实现企业利润最大化以及企业的可持续发展。财务精细化管理的内容可以归纳为两点，即“开源”和“节流”。前者是通过科学投资等方式创造新的价值，实现收入的增加；后者则是利用预算管理、风险预警等规避损失、节约资金。

商业投资决策基于信息，对公司投资决策的分析可能不准确。假设没有相应的信息资源，比如公司所在行业的发展情况、公司所处市场的竞争强度以及宏观经济政治的稳定情况等宏观、微观信息，企业的投资决策预期可能会与最终的投资结果产生较大的偏离。而智慧财务的出现，有利于在做出投资决策时，收集大量信息并做出科学的投资决策，同时比较和分析各种投资决策计划，从而可以选择最佳的投资计划。

（6）供应链信息管理，实现企业高效运转

一直以来，信息不对称是影响企业发展的主要原因，而信息技术应用能有效降低事前、事后的信息不对称。信息技术作为优化供应链管理的重要方式与手段，大多数企业在运营过程中都会积极采用。在供应链管理中，企业应积极引进 MRP、ERP、OA、物流管理系统、库存管理系统等企业管理和运营系统，通过采用信息技术，实现交易、运营等流程的信息化、数字化和标准化，促进信息在供应链网络中的分享与扩散，促进供应链网络中的核心企业更好地获取信息，从而提升企业日常业务运转效率。另外，在采用供应链融资方案后，通过强化信息技术应用的强度，可以实现本企业的信息技术系统与资金提供系统相对接，在保证本企业数据安全的同时，让资金提供企业能够基于信息系统对资金使用情况进行有效掌握。同时，通过信息技术的应用完善，虚拟供应链网络将有助于降低供应链融资的风险，使企业能够以较低的成本获得供应链融资。

另外，通过供应链整合，企业可以高效地融入供应链网络，有效降低供应链管理中的事后信息不对称。首先，中小企业应通过供应商和客户的整合，与合作伙伴建立密切稳定的合作关系，以提高其在供应链网络中的信用水平和偿付能力，降低供应链上下游中的事后信息不对称，避免道德风险的产生，尽可能减少运作过程中的产品过剩情况发生。其次，借助用户参与产品研发、供应链协同生产等整合方式，企业能够创造更加完善的组织架构和生态网络，进一步提升企业在供应链条中的信用水平。最后，企业通过供应链整合嵌入更多的供应链网络中，提升与更多上下游供应商、经销商的有效互动，从而降低与部分主要供应链角色的依赖程度，提升自身在议价、成本调控、品控方面的控制权。

（7）应用物联网技术，提高仓库管理能力

借助大数据物联网以及人工智能等相关的信息技术。构造智能化的数字仓储管理系统，能够实现对于仓储管理的科学调控，以及对于仓储流畅的有效调度，在原材料的管理中，提升其出入库以及在库各种作业流程的精细化管理水平，进一步提高仓储管理的水平，有效激活工作效率，尽可能地减少库存损失等，将产成品的搬运时间减少，从库存管理方面降低相关的生产成本，极大地提升仓储管理在企业生产活动中的经济价值。

智能仓库在企业生产经营活动中主要能够产生以下三个部分的影响。首先，在具体的仓库管理活动中，能够产生各项关于产品的记录数据以及制度，其中包括货位、物料编码、对应仓库、具体分组以及相应的系统标识等各类有效信息，同时企业相应的仓库管理员能够结合产品的具体信息，创建产品库存的电子档案，并根据企业各自的个性化管理要求，将货位数据与库存系统相结合，以便后续的数据挖掘、分析以及积极有效的数据反馈，确保数据搜集的有效性与全面性，为后续具体的物料流动以及库存管理等具体流程提供切实有效的数据支撑。其次，在围绕仓储管理的具体业务流程中收集到的各项数据，能够为后续的决策提供数据支持，对仓库环境以及具体的养护作业的数据进行分析处理，有助于提高物料仓库的管理能力；利用全流程数据痕迹化，为物料管理的“正向追踪、反向追溯”提供数据支撑；通过与供应链上下游环节的数据共享，为生产配方等进行数据支撑。最后，通过构建拥有自动识别技术的现代化仓储管理系统，针对仓储的业务流程和实际仓库的操作空间进行优化管理，对相应物料进行分批次的仓储管理，保证物料的快速进出以及实时盘点，能够有效地提升仓储系统操作人员对于具体的产成品库存操作效率、库存物料的出入库以及库内的移动速度，保证了仓库在实际空间不变的情况下能够容纳更多的物料库存。

1.3 财务智慧研究内容

（1）数字技术的充分应用

数字化是在数字经济时代传统企业发展的大趋势，数字技术在激发企业生产力、促进产业升级等方面都发挥了巨大作用。在具体的财务管理实践中，企业众多职能部门都有所参与，并且这项工作也会根据企业规模的不同而产生变化。在围绕相应的财务数据进行收集处理的过程中，相关业务部门需要耗费大量的人力物力，同时由于人工操作的缘故，数据的精确度不可避免地会受到影响，进而导致了后期财务核算工作的疏漏。通过构建起财务智慧管理系统，利用先进的信息技术为企业相关财务核算部门提供更加精准、方便，同时可操作数据量更大的财务数据库，能够为企业的具体经营状况产生更加精准的有效反映，进而使得企业财务数据在生产经营活动中能够发挥出更大的商业价值。

众所周知，财务活动在企业的生产经营活动中扮演着十分重要的角色，这不仅仅是财务部门的独自业务，同时也需要企业内部众多相关部门的协同参与。财务数据不仅仅是来源于财务部门，同时也来源于相应的产品生产部门、管理部门，因此财务部门与其他部门之间需要产生频繁的业务沟通。作为一个良好发展的企业，应当着重关注企业内部的数据共享状况，尤其在财务数据方面，应当促进财务管理体系的进一步完善，搭建成熟的财务大数据共享机制，确保相关部门的数据信息能够及时共享，在企业内部构造起良好的信息反馈机制，确保相关财务信息收集的准确、全面、高效。

（2）财务管理理念的及时改进

大智移云的时代背景下，传统的财务管理方式在企业的生产经营活动中已然无法满足当前企业的发展趋势，企业应当紧跟市场变化的速度，及时引进先进的计算机技术，在自身已有的财务管理模式和平台基础上，不断完善其管理机制，实现财务管理的智能化。另外，基于大数据下的财务管理系统，对于企业的长远发展起着决定性的作用，企业应当充分意识到这一点，并且积极利用相应的信息技术构建出更加有效的智慧财务管理平台，以此进一步提升企业自身财务工作效率，并积极优化企业的核心竞争力。

企业要想真正实现智慧财务管理，就必须不断对财务管理方式进行创新，尽快实现财务管理的自动化、对于资金流动的虚拟管理以及精准管理财务风险等。对于国有企业而言，一定要尽快通过对相关环节财务管理工作的优化整合形成完整的财务管理网络，实现信息的集成和共享等。企业在建立智能化财务管理架构的实际进程中，要配备完善的基础设施，包括硬件设施和软件设施等，要做好相关人员的培训，强化他们对财税、法律及管理等知识的了解和认识，提升他们应用大数据技术进行财务管理。

（3）数据云平台的高效搭建

在互联网技术普及全球的时代，大数据对于企业的长远发展必不可少。大数据与企业的生产经营发展有着密切联系。任何一个企业要想实现财务管理的信息化和智慧化建设，就应该严格遵守标准化的具体要求统一企业财务信息，依托智能化手段和方法，做好标准化的处理。此外，企业要根据自身的实际情况，尽快完成云计算管理平台的打造，为全面展开智慧财务管理提供有力保障。云管理平台的建设并非一劳永逸的事情，需要不断更新、不断完善，尤其要注意不断将先进的互联网技术融入其中，不断提升信息化程度。众所周知，要想打造科学的智慧财务管理系统，离不开各种信息技术的有力支撑，而要完成信息管理体系的标准化建设则，一定要尽快实现数据传输体系的标准化建设，尽快实现信息的有效整合，也就是说财务信息标准化管理系统的建设应该以云处理系统作为基础和前提。

反观当前的数据云平台市场，企业对于这类人才的需求十分庞大，而相关的技术人才十分稀缺。由于目前国内与大数据相关的专业人才稀少，企业在搭建大数据系统方面进展十分缓慢，并且大数据系统的功能搭建也有所欠缺，这将进一步导致企业财务部门所提供的数据资源真实性有所降低。大数据平台搭建的不完善，将对企业的生产经营活动产生消极的影响，甚至影响到企业长期稳定的发展。为了避免这一问题的出现，并且为企业的数据管理提供更加切实有效的方式，企业应当以积极新颖的数据管理思维看待大数据平台这一新生事物，以大数据思维构建数据管理平台。积极搭建企业需要的数据系统功能，并根据具体业务的实践对其进行完善，以充分发挥企业各项财务数据的最大使用价值。

（4）财务管理模式的相应创新

在紧跟时代发展趋势和市场竞争的要求之下，国内众多大型企业已经开始引入相应的大数据管理专家系统，而这类系统往往是在国内外资深专家的成功经验基础之上所搭建而成。该类数据管理模式不仅能够有效地解决传统数据系统操作上的困难，同时也能够对数据系统进行实时地更新与完善，确保大数据系统始终与企业的需求保持高度的一致，以充分挖掘企业的数据价值。因此企业需要以积极的态度引进相应的数据技术，并对数据系统进行及时维护，通过大数据的方式将传统企业部门中的信息壁垒打破，并且将企业内外不同部门、不同组织之间必要的财务信息进行联系，构造出更加全面、有效的财务管理框架。

（5）相关技术人才的积极培养

在21世纪的今天，人力资源在企业的生产经营活动中扮演着越来越重要的角色，企业的长远发展始终离不开优秀人才的支撑，高质量的企业人才是企业持续稳定发展的保障。所以企业需要加强重视对相应人才的培养和引进，尤其在目前积极引进大数据管理模式的情况下，企业需要充分考虑如何引进相应的专业人才，比如通过与专业对口的高校建立起长期友好的合作关系，为其提供相应的实习岗位，这也能够为企业吸引更多的专业对口人才。在企业市场竞争不断加剧的情况下，数据专业人才已经成为企业竞争力的核心内容，尤其在企业财务管理岗位之中，传统的财务管理人才始终占据了部门的大部分比例，而这类工作人员对于大数据情况下的财务管理模式缺乏相应的认知，并且由于年龄限制，其学习能力以及互联网意识都有待提高。在面临新兴技术时容易产生相当程度的排斥，而对于一些新颖的财务管理方式和基本的计算机操作也可能难以掌握，这就导致了企业在构造智慧财务管理体系时出现了较大的实践困难。为了积极解决以上问题，企业应当对相关的财务人员展开定期培训，并对他们的各项工作进行相应的业务考核，考核的内容不应当只局限于传统财务管理的知识应用，还应当侧重于当前大数据系统以及计算机技术的认知，尽可能地建立健全企业内部财务管理员工的培训机制，以确保相应岗位的员工拥有高质量的工作水平，并积极推动后续财务工作的有效进展，为企业构建智能化财务管理机制提供人员保障。

企业对业、财人员的考核要建立两者相互制约的考核标准。比如，可以对业、财人员之间为对方提供建议或意见的有效次数进行考核，有利于提高业、财人员之间互相出谋划策的积极性；对于业务人员的考核可以加入在保证预算有效执行的情况下对业务绩效的考核等内容。通过统一的考核标准，加强业、财人员的沟通与协作，有效促进业财融合。同时，还可以在构建系统的过程中建立一个用于收集和传递外部信息的数据库，并由计算机财务部门人员对外部信息进行收集、传递和分析。我国企业尤其是还没有建立完善的会计信息化系统的中小型企业，应高度重视会计信息化系统的建设和完善。

2

智慧财务研究综述

2.1 财务的内涵与外延

财务一般是指与财务有关的活动和关系，其中财务活动表现出财务的形式特征，一般是指企业在其生产经营活动中与资本流动有关的一系列实践行为；财务关系反映了财务的本质，是指企业、部门和经济主体在财务活动中的经济关系。从财务本质的角度出发，企业财务反映的是企业资金的投入、产出之间所形成的关系，能够充分体现企业在生产经营活动中的资金运作过程。从一开始企业资金的募集到最终企业盈余的分配，这每一个环节都反映了各个经济主体之间的经济关系。并且，财务所反映的经济关系不仅仅局限于国民经济的各个部门、单位，还更应当侧重于关注资产和负债。

不论从财务活动还是财务关系的角度，我们都能发现财务是离不开资金的，公司财务管理的实质就是公司对于财务资金的管理；而会计只是对于公司资金的相关活动进行的记录，能够为后续的信息使用者提供相应的决策信息。作为资金的管理方式，财务管理是对于资金投入产出的一系列决策行为。作为两门非常相似的学科，财务和会计既相互关联又相互作用。在具体的企业业务中，财务与会计往往是密不可分的，两者之间甚至是相互交叉，比如在公司的一些具体岗位设定方面，财务与会计可能并没有明确的界限，这也导致许多财务工作者会模糊财务与会计两者之间的差异，将财务的定义误以为是会计和出纳两个方面，而实际上财务应当是在会计这一学科基础之上衍生出来的、对企业资金进行的有效管理，并且通过相应的运作使企业的各类资源能够达到一个最优化的配置，进而创造出更大的企业价值。当今企业的财务管理思想逐渐由传统的“流动比率管理”转向了更加新颖的“营运资本管理”。同时企业的财务理念也逐渐由原本的零负债或者过度负债转向了当前的适度负债理念。

2.2 供应链内涵与外延

供应链是一个集成的概念，围绕核心企业而运作，囊括了企业从采购与供应到生产运作以及交付最终产品与服务的所做的一切努力，涉及材料的采购、产品的生产与组装、产品的分销等一切流程，集成物流、资金流、信息流、商流，以实现在恰当的时候以合适的成本及时准确地将产品送达到末端需求客户。纵观整个供应链条，每个企业都对应于其中的一个节点，而各个企业之间往往是一种供需的“拉式”关系。在整个供应链中，不同的企业主体通过高效的集成，能够实现整个供应链即所有企业的整体利益达到最大化。通过对供应链基本内涵的分析，得出供应链具有如下特征：（1）复杂性。供应链中包含的企业不仅仅在行业类型以及所处地域方面存在差异，同时这些企业与脱离供应链的企业相比，在企业规模以及相应的管理模式方面也存在一定差异，显得更加复杂。（2）动态性。由于市场环境的复杂多变，供应链上的企业需要实时的动态更新，以适应多变的环境，实现供应链的整体最优。（3）交叉性。供应链的节点企业可能为多个供应链上的节点企业提供产品服务，形成了众多供应链相互交叉的特征。（4）以满足客户需求为目标。在供应链的运作过程中，供应链在计划的指导下实现四流的集成流动都是基于末端需求拉动的，都是以满足末端客户需求为目标。

在供应链中往往存在一个核心企业，而供应链管理则指的是以核心企业为中心，对供应链中的物流、现金流以及信息流进行相应的调控，从供应链上游的原材料采购开始，到中游的中间产品的生产，再到最后下游产成品的销售，整个链条上的所有经济主体形成有效连接的网络结构。简而言之，供应链管理其实就是对供应链中各个经济主体之间以及经济主体内部的相互关系进行的管理。

在智慧财务中，供应链主要扮演以下角色：（1）将现代化的运营管理模式推广应用到财务管理模式中，把供应链各个环节上的数据进行集中管理，整合财务系统，使其成为建立在整个供应链基础上的数据管理模式，使整个供应链管理环节中的数据不再独立存在，强调供应链各环节都需要进行精细化的管理，这里也包括优化财务管理流程和优化财务成本控制。（2）整合企业内部财务数据，提高财务数据分析的及时性、前瞻性，使企业内部财务数据信息能够实现真正的共享。这对财务管理部门提出了更高的要求，不仅要与企业中的其他部门进行协同工作，还要将数据的收集和整理涵盖企业生产经营的整个链条之中，对企业的信息流、物流、资金流等一切经济活动进行及时准确的记录，使财务数据信息与业务数据信息完美地融合在一起，最终为分析企业财务成果和经营情况提供强大的数据支撑。（3）要有效识别供应链模式下的各种财务风险，这种风险不仅存在于企业内部，同时还存在于企业外部，影响着供应链系统稳定运行的各个节点，无论是上游供应商，还是下游零售商都有可能发生财务风险。因此应加强对供应链各个环节的财务风险进行及时识别，可以采用多种财务风险识别方法，如定期调研、抽样分析、指标分析法、德尔菲法（专家意见法）、幕景分析法等。供应链的组成部分包含每个参与方，这也就对财务风险控制工作提出了更高的要求，要求其必须是一体化的控制工作，不仅要加强事前、事中、事后控制，还要做到全方位、全过程覆盖的控制手段，通过熟练掌握各环节的业务活动，从而全面和深入地制定切实可行的财务风控方案，达到控制财务风险的目的。不断完善企业内部经营管理的各项财务制度，完善全面预算管理机制，建立并完善信息共享系统，从而达到整体控制财务风险的目的。

2.3 营运资金内涵与外延

营运资金是在某一会计期内停留在企业，可供企业在此会计期内周转、使用和支配的流动资产，而非全部的流动资产。营运资金在企业所有资金当中占有很大的比重，它还具有灵活性强、周转速度快等特点，所以对其进行管理是重要且必要的，营运资金管理在当今的财务管理中占有非常重要的地位，营运资金管理是企业针对营运资金而进行的一系列管理活动。

企业在其生产经营活动中需要充分考虑到企业员工、企业股东以及供应链上下游各经济主体的利益。企业价值链上的生产经营活动，包括产品设计、原材料采购、商品的生产制造到最后的销售、服务的众多内容。而每一个生产经营活动的环节组成在一起，则创造了企业的价值链。价值链不仅是连接供应商与企业、用户的简单物流链、信息链和现金链，也是企业价值的增值链。运用全价值链理念开展企业的营运资金管理工作是一个十分科学合理的运用策略。结合企业的工作实际，财务管理人员的各项管理工作均是为了对公司的资金安全负责，还应建立起更加清晰的企业短期或者长期财务战略目标，除此之外，还要能够通过各种有效的策略，为企业的长远持续经营提供充分有力的财务支持。企业的营运资金管理应该为导入国际化管理机制铺平道路。所以管理工作的一个重要内容就是收紧内控，在国家相关管理规定的基础上建立起更加完善的资金管理体系，并始终以“集中管理、按需拨付”作为管理原则，将这种原则贯彻落实到企业营运资金管理的全部过程中。除此之外，还应该加强成本管理工作的创新，并运用“资本链、融资线”等科学先进的资金管理理论对企业的营运资金管理进行长远和系统的筹划，拓宽企业融资渠道，减少资金占用带来的财务风险，并节省财务成本。此外，在企业的营运资金管理实践中，相关的财务管理人员还应该严格执行“收支两条线”以及资金存取等规范和制度，从而有助于实现企业营运资金管理的高效运转，确保管理工作能够职能明确、权责分明。

2.4 财务管理的研究内容

财务管理的含义是指在企业设定的目标下，对企业资产的配置、融资以及经营活动中的现金流量、在生产结束后的利润分配这些环节进行的资金管理。财务管理是企业管理的重要组成部分，其内涵是组织企业财务活动，同时处理企业财务关系的经济管理。

为了避免企业在财务管理的具体实践中所遇到的问题以及突发情况，企业应当以创新、有效的科学方式对这些问题进行充分解决。接下来将围绕财务管理信息化、预算和财务发展目标长期化、财务资金管理重点化、财务管理工作风险意识化和财务管理人员专业化五个方向对企业单位财务管理工作创新方式进行具体分析。

（1）财务管理信息化

在互联网技术逐渐普及的今天，信息化办公已经成为企业职工办公的常态，越来越多的经济主体开始将科学有效的信息办公方式引进企业内部的管理之中，这种创新形式的管理手段也为企业的组织管理、财务管理工作提供了更加高效便捷的工作方式，使企业的管理工作不论在效率上还是在成果上都有了质的提升。尤其在企业的财务管理环节，以大数据技术为代表的信息化技术大大地提高了财务管理工作的办公效率，同时也提高了财务数据收集与处理工作的准确度和质量。财务数据的使用者能够根据企业的具体情况将相应的目标数据比如产品信息录入企业自身的财务管理中心，使企业员工能够根据各自的身份权限在财务管理中心中行使各自职能并完成相应工作。在信息化的财务数据平台中，企业的财务管理工作相较于传统的方式会有更多的优势，不仅仅体现在数据处理效率的提升上，同时也体现在以产品销售为代表的各类财务信息的及时反馈机制上。正是这样的财务反馈机制和速度，为当前许多企业内部财务管理反应缓慢、处理效率低下的困境带来了有效的解决方案，使财务管理从业者以及企业的相关投资人能够更加准确地把握企业目前的发展状况和预测未来的发展趋势。除此之外，通过互联网技术对企业的具体财务状况进行了解之后，企业内部的相关决策者也能够充分把握企业各部门之间的财务状况，根据企业的基本数据，对内部各部门以及生产活动中的各个环节进行针对性的改善和安排。由此可见，财务智慧管理平台的建设不仅仅是当前市场上各大企业所必须经历的转型，同时这也符合当前互联网时代下企业发展的趋势。

（2）预算和财务发展目标长期化

在企业内部的财务管理中，相应的财务管理机制的完善，以及企业长期发展的战略规划和战略目标也是十分重要的影响因素。无论是何种行业企业，均需要有相应的专业人才，投资者对企业的整体财务发展状况进行科学、准确的财务预算工作，并且制订合理可行的财务发展目标，以确保企业在长期发展过程中尽量保持稳定经营的发展状况，尽可能减小企业风险的发生。针对企业财务管理的预算工作内容进行分析，企业还需要考虑基本的销售、收益以及利润等信息，同时也要对企业内部以及市场环境进行准确分析，准确预算未来企业的发展目标，并对企业的销售成本以及花费进行详细的预算规划。在此科学的预算基础之上，保证企业能够在合理的预算范围内保持稳步的发展，并且实现营业利润的增长。由此可见，结合现实条件的限制以及企业发展的需要，设定科学合理的长期财务管理预算规划是企业财务管理工作的重要内容之一。除此之外，考虑到财务发展目标是在科学合理的企业长期财务预算基础之上而设定的，相关工作的管理人员需要结合实际情况，比如各类商品的具体销售状况，将相关的财务信息向该业务的主要负责人以及公司领导进行详细的展示。为公司后阶段财务发展目标的制定提供强有力的财务数据支撑。此处需要注意，不管是财务目标的设定，还是财务预算的具体规划，这些工作都需要结合企业具体实际运营状况进行考虑。同时，要确保目标设定和预算规划的工作灵活性，如果不根据后期企业环境与业务变化的具体情况变动对目标和预算进行及时的调整，这将导致流程过于僵化，对于企业的发展也是不利的。总而言之，在企业制订长期预算规划和财务发展的目标时，一定要坚持科学规划、合理调整的原则，以此充分推动企业健康、长远地发展。

(3) 财务资金管理重点化

在企业的财务管理工作中，企业资金的管理是保证其生产经营活动和长远发展的重要基础，也是企业财务管理工作中的重要内容。企业资金管理对于企业生产销售等各个环节都产生了至关重要的影响，因此财务工作者需要根据企业的实际运营情况将财务资金进行分配，保证企业生产经营中的各个环节所获得的企业资金都获得了最大程度的利用。而提升企业财务资金的利用率，应当从三个方面进行考虑。首先是根据企业生产经营活动的实际需要将财务资金进行合理配置，尽可能地避免财务资金的浪费，从企业日常经营活动的细节以及基础内容上出发，对企业资金进行科学合理的利用。其次是要加强企业资金管理上的标准化流程，保证每一笔资金在企业中的流通都有迹可循、有账可查，这也有利于后续开展财务工作人员对于相应的资金流动记录工作。最后应当着重加强对于资金管理人员的多方面培养，保证企业资金的合理调度，尽可能地在资金调用环节减少人为风险的发生。

（4）财务管理工作风险意识化

在企业的生产经营管理中，风险管理意识是每一位财务工作者和企业管理者的基本素养，具体在实践中需要注意以下几点：其一，根据企业生产经营状况和发展目标，制订明确的经营计划和战略规划；其二，在实际的企业运作中，尽可能地保持具体业务运作和行为是符合企业原定计划的，减少现实结果与计划预期的差错，确保战略目标的实现；其三，针对计划目标和具体运作进行定期总结反思，寻找在已经实现的财务发展任务中成功的可借鉴之处，并思考未能实现的财务发展任务中失败的可能原因，以此提升之后的财务发展任务的科学性和有效性；其四，对企业内部的财务管理工作人员进行相应培训，树立财务管理的风险意识。

（5）财务管理人员专业化

在人力资源日渐重要的状态下，企业员工的个人能力对于企业的长远发展具有极其重要的意义，不仅包括工作能力、专业水平，同时还有其核心素养。对于财务工作者而言，良好核心素养的培养是必不可少的，企业需要对其进行相应的专业化培训。企业可以考虑在日常员工培养过程中，尽可能采取多种方式对其进行素质培训，其中着重强调财务工作者关于专业核心素养的训练与培养。另外，企业应当建立起完善的核心素养考核机制，对公司内部财务工作者的心理状态、综合能力等内容进行定期测评考察，并根据考核结果进行相应的提升性培训，确保每一位财务管理人员都能在日常的企业财务工作中保持积极良好的工作心态和高度专业的技能水平，以应对企业日常烦琐并充满不确定性的财务管理工作。总而言之，企业有必要将财务工作者的核心素养培训放置于完善财务管理创新机制的必要改革内容中。

2.5 供应链管理的研究内容

作为一种集成化的管理思维方式，供应链管理涉及范围甚广，包括了供应链上游的原材料供应商到最终供应链下游的消费者，从原材料采购到后期的物流配送。从企业主体的角度出发，供应链管理有利于企业积极调整自身与供应链上下游关联主体之间的关系，并对供应链中的现金流、物流以及信息流进行高效整合，增强企业的竞争优势，有利于企业的长远发展。供应链管理的具体内涵可以分为以下几点：其一，企业之间主要的竞争关系逐渐转变为互利合作的关系；其二，不同企业建立起方向一致的发展目标，在供应链中充分发挥各自优势，有效协调供应链内部企业的生产经营活动，实现供应链整体的收益最大化；其三，供应链管理的实质是将链条内的所有企业进行集成管理，通过统一的协调规划，改善供应链中的物流、现金流和信息流。

在具体的应用实践中，供应链管理应用十分常见，对企业竞争优势的建立也具有不可言喻的作用。就当前我国行业发展状况来看，生产制造产业仍旧是供应链管理的主要应用行业，尤其在家电、汽车、电子设备等领域的应用十分明显，诸如海尔、小米等知名企业都已建立起成熟的供应链管理机制，这也成为它们调整企业经营成本、提升市场核心竞争力的有效工具。同时，供应链管理技术在物流管理行业也发挥着重要的作用，顺丰、德邦等公司均在积极探索其独立的供应链发展模式。以大众熟知的沃尔玛为代表，国内外各大商超品牌均在积极引入供应链管理思想，以提升产品流转速度，降低库存量。尽管对于国内中小企业而言，供应链管理的发展受到了企业规模和资金条件的约束，发展水平有待提升，但其对企业长远发展的积极作用是不言而喻的。

就目前供应链的发展而言，供应链管理主要研究以下几个方面的内容：

（1）加强信息化建设进程

中小企业必须加强信息化建设才能在实施供应链建设中获得效益。特别是企业高层要重视信息化建设，认识信息化建设在企业内部沟通和管理中的重要作用及其对外部供应链建设的影响，在资金预算中拿出一定的费用完善自己的信息系统，很多企业的高管只重视眼前的利益，不舍得在企业信息系统建设上进行过高的投资，仅仅投资一部分，但是信息的建设如果不够完备，那么就很难发挥作用。因此，企业应该建设整体的信息系统，要看到信息系统的建设和完备带给企业的长远利益，而不是因小失大。一些有信息系统的企业，也要淘汰和更换一些落后的信息设备。信息系统的作用是提高效率。如果企业中的信息系统慢慢冗余，不仅有利于信息沟通，甚至起到相反的作用，这是不可取的。还有一些企业只针对会计等部门建设了信息系统，忽视了整体的信息系统建设，这不利于企业联动效益的发挥，所以应该积极向行业内成功的企业学习，争取在信息系统方面与它们进行接轨。

（2）增强企业节点间的联动与协作，从而加强供应链管理

企业供应链建设应加强企业外部的联动与合作，使企业供应链管理顺畅高效。首先，中小企业要加强自身建设。在与外部企业的合作过程中，要诚实守信，塑造良好的企业形象，形成和谐互信的合作关系。第二，中小企业要积极更新和发展自己的产品，通过与卖家的合作与沟通来把握市场，抓住市场的空白或潜在的一部分，着力于建设，并以此方式做好与企业上下游供应商的对接工作。中小企业也要认清自己在市场竞争中的劣势，认清大企业在这些上下游企业中的主导地位，与大企业进行错位竞争，加强与企业节点的联动与合作，加强供应链管理。

（3）规范企业各部门流程，创新运作模式

科学、高效的企业管理方式能够有效改善企业运作状况，企业管理水平显著提升，企业发展趋势更加稳定积极。在实际工作中，运营管理低效、无序的状况在中小型企业中十分明显，众多中高管理层并未积极履行自身义务，并且还出现了企业内部各部门之间交流存在信息不对称、企业高层贪污受贿不受制度约束、企业决策未能有效实施等严重问题，这些都是由于没有良好的运作模式导致的。因此企业应该规范各部门的运作流程，强化创新企业的运作模式。

（4）做好人力资源开发工作

鉴于企业供应链管理对相应技术人员的专业要求以及中小企业缺乏相应技术人员的制约，其很难快速构建有效的供应链管理机制。在具体考察已有供应链管理机制的企业时，能够发现大多数企业的管理体系并不完善、不合理，供应链管理优势并不显著。综合来看，对于供应链管理的专业人才培养工作是至关重要的，企业应该对企业相应员工进行定期的主题培训，提升其供应链管理的专业能力。同时，企业应该积极引进相关专业人才，通过高薪聘请行业专家的方式提升相应人才竞争力。除此之外，企业还可以和高校进行合作，对人才展开订单式和专业化的培养模式，以满足企业建设供应链管理的需要。

2.6 营运资金管理研究内容

企业的营运资金管理工作需要遵循以下几个基本原则：

第一，节约原则。在营运资金的具体运作上，企业应当注意节制，避免不必要的资金浪费，在确保资金能够顺利推动企业生产经营活动的正常运行的基础上，尽可能地提升资金的利用效率，让每一笔资金都能充分发挥其最大价值。同时，节约原则也要求企业的营运资金管理者在日常管理决策中，兼顾生产经营活动对于营运资金的正常需求以及营运资金的合理节约，在此基础上提升营运资金的使用效率。

第二，预见性原则。在生产经营活动中，企业需要对每一个阶段的实际状况进行具体分析，这便要求对各阶段的营运资金产生基本的认知把握。因为企业营运资金的计划额度和生产经营活动有着十分密切的关系，当企业生产规模变大、产品销路比较好时，营运资金的数额也会越来越大。而当企业生产销售情况不容乐观时，营运资金数额也会随之减少。因此，相关财务管理人员必须对企业目前及未来的生产经营状况有一个正确的认知，并能够采取科学方法有预见性地规定营运资金的数额，在此基础上保证营运资金使用的合理性、科学性。

第三，提高利用率原则。营运资金的管理工作，必须实现对营运资金的合理安排，包括营运资金周转的速率以及其利用效率。营运资金的周转，其实质反映了企业成本投入——产品生产——商品销售的循环过程，营运资金也经历了现金——产成品——现金的转化过程。提升企业营运资金的利用率，必然会要求提升相应的资金周转速度，这样才能使得相同数额的营运资金在以往基础上能够产生更多的企业价值。

第四，流动资产与负债的协调原则。合理安排流动资产与流动负债的比例关系是企业营运资金管理的重要内容。其目的是确保企业有能力在短期内偿还债务。由此可见，偿债能力较弱的企业，其企业负债往往占比较高，而流动资产的占比则较低。

3

建设原则与技术选型

3.1 系统规划方法

（1）关键成功因素法

关键成功因素法，是指决定企业运营状况的关键因素或领域，主要依据关键因素来确定信息系统总体规划的方法。该方法的主要步骤为：其一，与企业高层管理者进行沟通交流研讨，了解企业的发展现状，从而确定企业的战略目标；其二，对所有的关键因素进行识别，了解企业目前的发展战略，运用逐级分解的方法找出影响战略总体目标的各种因素，然后再对关键因素进行识别，达成该战略；其三，是确定关键成功因素，在所有成功的因素中，找出符合战略目标所需要的关键因素；其四，根据关键成功因子的具体指标要求进行分析、辨认；其五，根据关键成功因素来确定信息系统建设的优先次序。

（2）战略目标集合转化法

作为一种要求明确具体管理信息系统战略目标的方式，战略集合转换法主要是明确组织的战略计划，然后将战略集合转化为信息系统战略。

（3）企业系统规划法

作为一种结构化的规划方式，企业系统规划法源于企业信息管理系统的开发需求。最早是公司在年代初对企业内部信息系统进行开发的一种方法，在总的规划思路上与上述方法有类似之处，自上而下确定系统规划的目标，然后自下而上地对信息系统进行规划设计。该方法有助于帮助企业确定自身的信息需求，以此满足企业运营过程中的需要。

（4）结构化系统开发方法

建立在系统开发生命周期的基础之上，结构化的系统开发能够将系统开发具体划分为五个紧密联系的阶段，依次为系统的规划、分析、设计、实施、运行和维护等步骤，本书的研究主要在于系统规划阶段。

3.2 建设原则

（1）系统性原则

作为学校的食堂信息化管理系统，需要满足学校管理相应的系统化需求，一方面是学校相关管理部门对食堂具体运作的监管需要，另一方面是食堂自身日常运作的作业需求，即在系统高度标准化的要求下实现前后台管理系统的一体化。为此，系统应采用分级授权、分模块授权来实现整体性和个性化要求的统一。

（2）规范性原则

系统设计必须遵循国家规范标准，这些标准包括信息字段标准、公文格式和交换接口标准等。在食堂运营过程中，对商品价格信息要求较高。食堂财务智慧监管信息系统可以统一使用权威价格平台数据作为参考价格，比较各食堂原材料采购价格。

（3）高效性原则

食堂财务智慧监管信息化系统实时收集和整理数据，必须满足对各类数据处理的高效性。对大批量数据的查询和更新等操作也需要在较短的时间内完成。这就需要考虑数据实体－关系图（Entity－Realationship）图的科学性，考虑数据库使用的类别，考虑服务器的承载能力。

(4) 模块化原则

将食堂信息管理系统拆分为多个相对独立且功能明确的模块，围绕食堂工作的具体流程，即订货、采购、出入库以及现金核算等设定标准化的流程模块，针对记账功能、财务分析功能提供统一的流程模块，以此确保管理系统兼顾标准化与灵活性。模块化设计原则也有利于食堂财务智慧监管信息系统基于角色的授权管理。

(5) 易用性原则

食堂财务智慧监管信息化系统需采用面向对象技术。各系统界面设计简洁大方，功能列表化，每一个使用者可以基本上不用介绍就能进入相关页面进行操作。尤其需要保证系统用户的具体操作应当符合实际作业流程的现实状况，使得系统用户对于系统的操作能够简洁、易用。

(6) 安全性原则

为确保食堂财务情报监管信息系统的安全稳定，应做好以下工作：

①数据的保密，防止数据被不当使用，在角色分配和授权时充分考虑数据安全；

②针对各类网络风险做好相应的防范手段，避免系统遭受攻击、入侵；

③做好数据备份和恢复，实行每日备份数据的数据管理方法，一旦数据被破坏，能够第一时间恢复。

(7) 标准性原则

系统将遵循相关领域的标准规范，以及国家相关行业的法律、法规、政策、规范进行设计，在技术体系、应用架构、数据交换等方面与信息行业的国际标准、国家标准保持一致，遵循相关的国际、国家和业界的标准规范，从而保证系统的可扩性、可升级性，进而保证以最优的成本获得最好的成果，还将起到进一步规范社会保障资金信息管理相关业务的作用。在应用软件开发过程中，遵循统一的命名、编码、界面、接口、控件方面的规范，还将参照项目管理、进度控制、质量保证、风险管理、沟通管理、配置管理、范围管理、文档管理等方面的标准规范进行工程建设与实施管理。

系统建设工作将坚持统一标准，实现规范化建设。项目建设将采用各种标准化的接口和目前通用的技术方案来实施，按照信息技术的相关行业标准规范、相关法律法规和管理要求，开展系统建设与应用实施。通过建立统

一、标准的业务应用系统来满足业务需求，并采用标准的应用框架和数据交换技术，来保证系统的集成性、可伸缩性、可扩展性。系统将基于 J2EE、SOA、WebService、XML、Struts、工作流、数据挖掘与分析、数据交换等技术标准进行设计和开发，并采用基于 XML 语言的统一接口标准来实现信息交换，以有效完成相关业务系统的应用整合。

（8）整体性原则

食堂财务智慧监管信息化系统将充分考虑系统的整体性，对系统设计开发建设工作进行统一、规范的管理，确保功能模块设计清晰合理。项目建设将以食堂财务智慧监管信息化信息资源管理的整体业务为基础，进行全局规划，理清各业务部门、关键环节的关系，从整体上体现食堂财务智慧监管信息化信息资源管理的优势，避免以往各业务信息系统自行运转难以沟通的局面。

食堂信息管理系统将以学校食堂具体的信息资源管理为主线任务，同时贯穿各主要业务环节，实现食堂财务数据管理、数据权限管理、项目及分析测算库管理、机构与专家库管理、数据统计分析等业务功能。

同时，信息系统还应当确定数据资源的收集、处理、整合目标，在完善的数据支撑上，搭建适合不同学校食堂需求的财务智慧信息管理系统。

3.3 技术选型

3.3.1 SpringBoot 开发框架

作为 Spring 开发项目的基础，Springboot 旨在提升用户运行 Spring 应用程序的速度，同时尽量减少配置文件。简言之，SpringBoot 不是一个新的框架，其在默认情况下配置了许多框架的使用，可以类比集成了 Jar 包的 maven（见图 3－1）。

SpringBoot 具有四个主要特性：

①SpringBoot Starter。它集成了常见的依赖组，并将它们组合成一个依赖项，以便一次将它们添加到项目的 Maven 或 Gradle 构造中。

②自动配置。通过 Spring 4 对条件配置的支持，SpringBoot 的自动配置

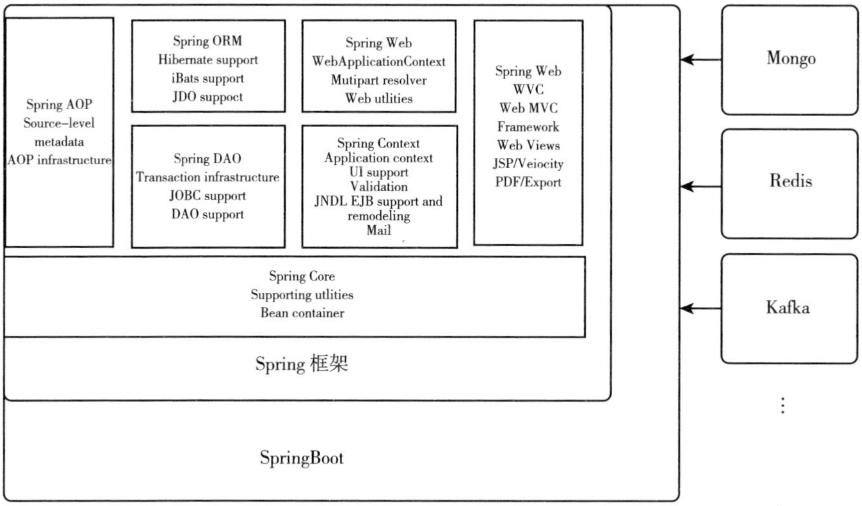

图 3－1 SpringBoot 框架图

功能可以实现对需要的 bean 进行合理推断并就进行自动配置。

③命令行界面。SpringBoot 的命令行界面结合自动配置功能，可以充分发挥 groovy 语言的优势，并进一步简化 Spring 应用的研发。

④Actuatir。为 SpringBoot 应用程序的所有功能构建了一个小型应用程序，以便用户能够快速理解特定的功能特性，并更好地体验其简化的模型。

以 Spring 为基础，其 Ioc 提供容器，Aop 解决编程，进而衍生出了 Boot、Jpa 以及 Security 等诸多框架，同时这些衍生框架能够实现更多的高级功能。

作为 Spring 和 Web 框架的一个模块，SpringMVC 为开发 Web 应用程序提供了一种轻耦合的方式。通过 DispatcherServlet、Model 和 View 以及 View 解析器，Web 应用程序的开发也更加容易。网站应用程序或服务开发——URL 路由、会话、模板引擎、静态 Web 资源等是需要解决的问题领域。

拥有自动配置功能的 SpringBoot 能够有效地降低项目构建工作的复杂程度，有效响应了原本 Spring 框架对于大量配置的需求，同时，SpringBoot 还集成了几乎所有常用的第三方库配置，如 Jackson 和 JDBC。需要注意的是，SpringBoot 并不是用于替代 Spring 的工具，而应是与 Spring 框架有机联系以提升项目开发者办公效率的解决方案。

用一句话简单地概括：Spring 是诸多框架的“源泉”；Spring MVC 是基于 Spring 的重要框架；SpringBoot 是基于 Spring4 所注册的高效开发包。

3.3.2 数据库技术

数据库技术产生于 20 世纪 60 年代末，是计算机发展历史中一项十分瞩目的技术，不仅广泛应用于数据管理，同时在软件技术中也十分重要。

简而言之，数据库可以类比为存储数据的仓库。该仓库根据特定的数据结构，即数据之间特定的组织形式或关系进行组织和存储，同时用户能够根据数据库提供的数据处理方式对存放的数据进行管理。类比生活中的实例，数据库可以看作是日常生活中的商品仓库，数据就是仓库中存储的商品。

（1）MySQL 数据库介绍

MySQL 作为一个典型的关系数据库管理系统，是 MySQL AB 公司发布的开源软件 MYSQL 组件体系如图 3－2 所示。

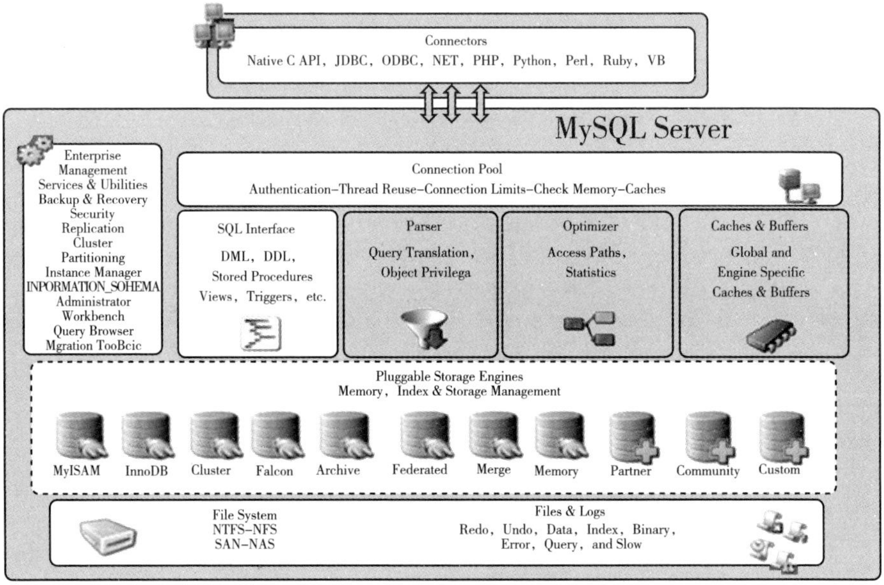

图 3－2 MYSQL 组件体系

由于 MySQL 占用空间小、运行速度快且使用成本低，尤其还是开源软件，许多中小型网站均优先考虑将其作为网站数据库。

MySQL 属于轻量级数据库，也就是小中型数据库。

（2）MySQL 数据库的优点

- 成本：作为开源软件，MySQL 免费开放给用户，且技术支持成本较低；
- 速度：MySQL 的表现优于大多数竞争对手；
- MySQL 能够满足数据库开发者的大多数需求；
- 可移植：MySQL 在大多数系统中都是兼容的，方便用户跨系统使用。

在 Web 应用方面，MySQL 是目前最适合的关系数据库管理系统应用软件之一。

作为典型的关系数据库管理系统，MySQL 并非将所有的数据放在一个大型仓库中，转而将数据存放于不同的表中，这就有效提高了数据管理的效率和灵活性。

MySQL 使用的 SQL 语言是访问数据库最常用的标准化语言。MySQL 软件分为社区版和商业版，采用双重授权策略。由于 MySQL 社区版的出色性能，它可以与 PHP 和 Apache 结合使用，以提高开发效率。

与其他大型数据库（如 DB（2）SQL server 和 Oracle）相比，MySQL 有其自身的缺点，但这并没有降低其受欢迎的程度。因为 MySQL 是一个开源软件，所以数据库的总体拥有成本也大大降低。对于普通个人用户和中小企业，MySQL 提供了足够的功能。

操作系统为 Linux，数据库为 mysql，Web 服务器为 Apache 或 nginx，服务器端脚本解释器为 PHP / Python / Perl。因为这四种软件都是免费或开源的软件，我们可以用低廉的人工成本建立一个免费、稳定的网站系统，所以业内称之为 LNMP 或 lamp matching method。

（3）MongoDB 数据库介绍

MongoDB 是一个用 C + + 编写的分布式文件存储数据库。其主要目的是在高性能数据存储的基础上，为 Web 应用程序提供性能可扩展的技术解决方案（见图 3 -3）。

MongoDB 是介于关系型数据库和非关系型数据库之间的产品，是非关系型数据库中功能最强大的数据库。它是一种类似 JSON 的 bson 格式，因此其数据结构会相对松散，但却能够存储更加复杂的数据类型。Mongo 的语法

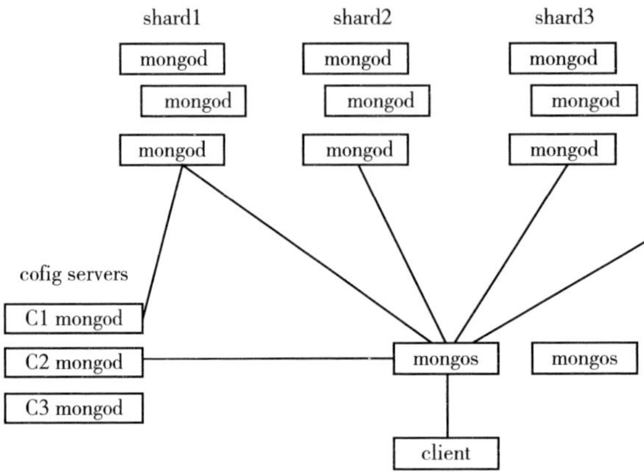

图 3－3 MongoDB 非关系数据库介绍

有点类似于面向对象的查询语言，因此它的查询功能非常强大。它不仅可以实现关系数据库中类似单表查询的大部分功能，而且支持数据索引。

“面向集合”指的是将数据进行分组并存储在数据集中，其中这些数据被称为集合。在数据库中，集合不仅具备唯一的标识名，同时还能够拥有无限数量的文档。它有点类似于关系数据库中的表，但集的概念不需要定义任何模式。这也解释了为什么 nytro MegaRAID 技术中的 flash cache 算法能够快速识别大数据集中的热点数据，并提供相应的性能提升。

模式自由的特征使得用户不需要明确数据库中相关文件的具体结构形式，因此用户可以不受顾忌地将各类结构形式的文件均存放于相同的数据库中。

在大数据集合中的各类文件，均会以键——值对的形式进行保存。其中，键以字符串的形式存在，可以作为文档的唯一识别标码；值不局限于字符串类型，能够以多变的文件形式存在。

目前在许多站点都能发现 MongoDB 的应用部署，具体的一些应用场景有：

• 网络数据实时处理，MongoDB 的功能能够提供数据处理的实时操作，比如插入、更新与查询，同时还能满足数据网站对于数据复制以及数据保存的伸缩性的需求。

• 数据缓存。MongoDB 的高性能使它成为许多信息基础设施的缓存层。

在此基础上构建的缓存层能够有效规避系统重启后常见的数据源过载问题的发生。

• 数据高伸缩性的需求。MongoDB 很适合由多个服务器构建的数据库，其路线图的内置还能够满足对于 MapReduce 的支持。

3.3.3 Vue 前端技术

作为最流行和最有前途的前端框架之一，Vue.js 为我们快速构建和开发前端项目提供了一种新的思维模式。本书旨在让用户熟悉 Vue.js 的开发过程，同时以搭建大型前端项目为例，深入了解 Vue.js 的具体应用，以及与学习项目相关的优化工作。

作为以数据进行驱动的轻量级前端 JS 框架，Vue.js 与 jQuery 的关键不同之处是两者对于页面的更新显示过程，即 Vue 直接对数据进行处理，而 jQuery 是通过 DOM 完成的。以下是 Vue 的框架概念图（见图 3－4）。

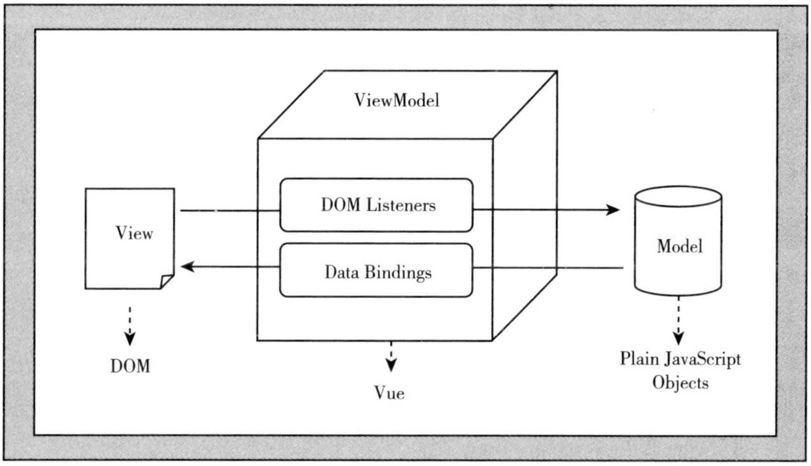

图 3－4 前端框架 Vue

概念模型主要分为 View、View Model 和 Model 三个部分，其中 Vue.js 对应于中间的 View Model 部分，而 View 部分和 Model 部分则分别对应 DOM 和 JS 逻辑层，两者的连接需要通过 View Model 中的 DOM Listeners 和 Data Binding 进行。

假如 View 部分的视图有变动，则 DOM Listeners 能够传递其变动信息并改变 Model 部分的相关数据；假如 Model 部分的数据有所变动，则 Data Bindings 能够监听其数据变动并传递至 View 部分改变相应的识图。基于数据驱动的原理，Vue 实现了数据和视图的双向绑定。

3.3.4 Elasticsearchssuo 引擎

ElasticSearch 作为一个基于 Lucene 的搜索服务器，是一个既能满足分布式处理又能满足多用户使用的全文搜索引擎。ElasticSearch 基于 Restful Web 界面，采用 Java 作为开发语言，它是企业中流行的主要搜索引擎。尤其在目前广泛应用的云计算技术中，ElasticSearch 能够实现相关数据的实时搜索，其具备状态稳定、运行快速的特点，同时操作也比较简单易于上手。

建立一个具有搜索功能的网站或应用程序并不困难，但要完成搜索的创建工作却很困难。因此用户对其一定会产生相应的要求：其一，希望搜索解决方案能够快速运行；其二，希望搜索模式能够满足零配置与完全免费；其三，希望针对数据的索引只需要简单的 JSON 通过 HTTP 实现；其四，希望搜索服务器的运行状态尽量保持稳定、不出差错；其五，希望能够实现可实时搜索用户的灵活性与可拓展性；其六，希望能够构建完善的云解决方案。基于以上要求，应用 ElasticSearch 构建企业和搜索引擎是必不可少的。

3.3.5 Shiro 安全框架

作为强大且易用的 Java 安全框架，Apache Shiro 能够执行操作用户的身份授权、验证、设定密码以及会话管理等功能。借助其通用的 API 接口，用户关于应用程序的需求，不论是较小规模的移动程序，还是较大规模的企业级程序，都能够获得及时的快速响应。

Subject 和 Securitymanager 领域是 Shiro 安全框架的主要组件。详情如下：

Subject 代表了“当前操作用户”，其概念不仅仅局限于具体的使用者本人，同时还包括后台账户、第三方进程等可与应用程序产生交互的事物。

Securitymanager 具有明显的 facade 模式，并且是 Shiro 安全框架的核心组件。Shiro 能够借此对内部的组件实例进行操控，同时提供与安全管理相关的一系列服务。通过联系 subject 可以发现，subject 是用户的一系列安全操作，而安全管理员则管理所有用户的安全操作。

Realm 在 Shiro 安全框架中充当“连接器”，与应用程序数据进行联系和交互。具体而言，当系统用户进行登录、授权等操作时，Shiro 能够从相应的 Realm 中获取响应用户的账号、权限等信息。Realm 的实质应当是与数据安全相关的数据访问接口，即对源数据的具体信息进行封装，并在用户进行某些需要调取数据的操作时将关联信息传送至 Shiro 安全框架。因此，在配置 Shiro 安全框架时，至少需要一个 Raelm 对数据进行封装，用于用户的数据相关操作。

一般而言，Shiro 中内置的众多数据源 Realm（如 JDBC、LDAP 以及文本配置资源等）能够满足数据调取的需要，但在特定需求不能获得已有 Realm 满足时，可以自定义 Realm 并插入 Shiro 安全框架。

3.3.6 Echarts 数据可视化技术

Echarts 数据可视化技术提供以下主要功能：

（1）报表灵活定制

提供报表设计工具，可根据数据内容和格式快速灵活地定义出报表展示要求。

（2）行式报表

为了满足相关数据的高效查看需要，以表头顺序为依据，将报表内容以平铺的方式进行展示，此类数据展示形式一般用于台账信息、一般基础信息等情况。

（3）统计图形

以饼图、柱状图、散点图、曲线图等图表方式对数据进行可视化展示，用以完成数据的占比分析、环比分析、同比分析、趋势分析等。提供的主要展示形式有：表格、折线图、柱状图、散点图、饼状图、雷达图、关系图、地域图、其他图，同时支持各种直接的混搭图。

在百度推出的众多开源项目中，echarts. js 是相对成功的，其主要具备以下优点：

- echarts. js 操作简单、容易上手。百度推出了其详细的官方文档，并且官网中有许多可供使用的参考示例。

- echarts. js 提供特定需求的打包服务。其官网提供了在线构建项目的功能，使得项目模块能够独立选择，进而缩小 JS 文件的占用空间。
- echarts. js 是开放源代码的。
- 支持中国地图功能。这个在其他的一些框架中是没有的。

总的来说，echarts. js 是百度公司极其重视的一款产品，其版本更新也会更加频繁，因此有效避免了严重 bug 的出现，同时这款框架还配置了十分详细的文档介绍。

数据可视化主要研究的是如何以视觉效果的形式对数据进行直观呈现，这种直观的数据呈现形式往往是某种既定方式提取的信息内容，其中包含信息主体的主要属性和相关变量。

简单来说，数据可视化试图利用直观图表的形式表述目标数据的关键信息。

主要明确以下几点：

- 数据可视化只是数据的表现形式，数据形式背后的数据分析才是更加重要的内容。只有内涵丰富、分析精准的数据分析工作，才能确保数据可视化工作的有效性。
- 目前各行各业对于数据分析的需求越来越高，但大多数用户对于数据内容并不了解，因此需要专业的数据人才将数据进行相应的可视化分析，以直观、简洁的图表形式展示数据，以便用户理解数据内涵、挖掘数据价值。
- 数据可视化的图表、配色等表现形式只是其表层内容，更加关键的数据可视化工作是创意和灵感，因此需要在掌握数据可视化的常规化操作基础上，挖掘更多数据可视化的操作和应用。

3.3.7 物联网技术

作为互联网技术的延伸，物联网技术在本质上与互联网技术差别不大。对于互联网而言，其操作终端往往是计算机、智能手机等形式，而用户运行的应用程序其实就是操作终端进行的数据处理与数据传输工作，这些工作仅涉及操作终端，而与硬件等其他终端无关。

对于物联网而言，其终端不再局限于传统的计算机、智能手机等设备，而拓展到各类嵌入了计算机系统与相应传感器的物件，比如智能穿戴设备、智能家居以及虚拟现实设备等，这些设备通过联通网络，与信息中心发生数据交互，能够实现万物互联，这也是未来计算机技术发展的重要趋势之一（见图3－5）。

图3－5 万物物联

物联网关键技术如下：

（1）感知技术

作为物联网技术的重要基础，感知技术又称信息采集技术，顾名思义，该技术可以通过电子标签、电子传感器等形式收集相关信息，并转化为后期处理需要的信号。其中，电子标签的主要用途是对标签物体的数据进行规范统一的标识，而二维码、射频技术识别机器的主要用途则是识别电子标签的数据以完成数据采集。

（2）RFID

RFID是radio frequency identification的缩写，即射频识别技术，它可以借助相应的无线电信号来识别目标物体，无须进行物件接触，即不需要识别设备与目标物件产生物理接触就能完成自动识别，是一种比较先进、高效的通信技术。RFID技术主要由以下三个部分组成：

①标签。标签其实是具备数据存储、数据处理的芯片、耦合元件，由于其体积较小、便于携带，因此可以轻松绑定在手机、身份证、票据等物品甚至动物身上，而这些标签都会配置唯一的编码序列以供识别，因此标签绑定

的物体成为标识目标，其相关的目标数据能够被准备的收集。根据标签的信号频率范围，可以将标签划分为：低频、高频、超高频以及微波四大类；根据标签的工作模式，可以将标签划分为：被动式标签、主动式标签以及半被动式标签。

②阅读器。作为射频识别系统中的数据处理中心，阅读器一般由耦合器件、收发装置、控制装置以及接口单元四个部分组成，拥有针对标签数据的读取甚至写入功能，其往往是手持或固定的读写装置。阅读器和应答设备间的信息交互往往通过半双工通信的方式完成，而无源应答器的能量供应则来自耦合。另外在实际操作过程中，还能够在阅读器的基础上采用 Ethernet 或 WLAN 等方式对目标物体完成数据信息的收集、处理以及传送。

③天线。天线主要是标签上的数据以射频信号的形式向读取器传送。

RFID 技术的基本工作原理：

第一种方式是附着于物体上的标签在进入磁场之后，会通过感应电流获得动力能量，并接收到来自解读器的射频信号，然后将相关数据进行发送。第二种方式是标签主动发送特定频率信号至解读器，经数据信息的解码后，将解码数据传送至信息中心进行数据处理工作（见图 3－6）。

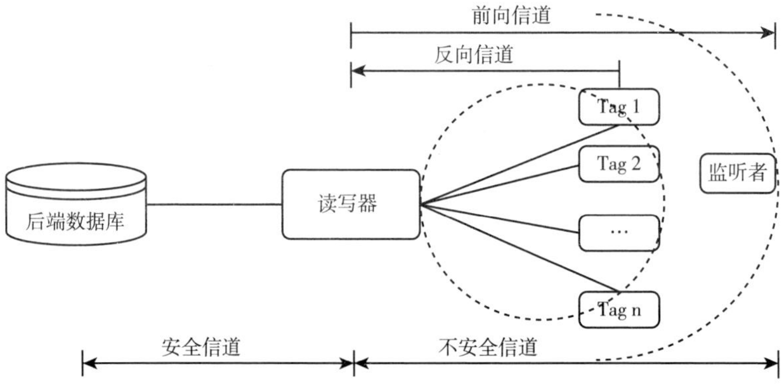

图 3－6 RFID 技术

RFID 面临的问题：

①数据安全问题。鉴于标签数据的易读性，除了标签所有者以外，其他人也可以伪装目的标签，抑或通过拒绝服务，标签便会产生数据安全问题。

②隐私泄漏问题。由于便签的唯一标识码往往与用户 ID 紧密联系，因

此只要想办法获取标签信息，便能获得用户的个人数据、消费数据等隐私，甚至对用户进行数据追踪，导致严重的隐私泄漏问题。

③数据复制问题。数据标签的制作过于简单，因此容易复制，这便导致了以上两种数据安全问题与隐私泄漏问题。

（3）传感器

作为机器设备对于现实世界的信号接收器，传感器能够精确接收光、电、温度、声音等信号，精确感知环境参数，为后续中央信息系统的数据处理、分析工作提供原始的数据支撑。在信息技术持续发展的当下，传感器的物质载体也在发生变化，其设备正在逐渐朝智能化、信息化、网络化以及微型化方向发展，而传感器的具体形式也经历了传统传感器——嵌入传感器——WEB传感器的发展过程。

（4）网络通信技术

物联网技术中涉及的万物互联、人机交互，其中的数据传输需要应用到许多通信技术，具体可以划分为PON、DSL代表的有线技术和GPRS、CDMA代表的无线技术，其中在物联网领域应用最为突出的是无线传感网络技术。

（5）M2M

M2M指的是机器设备与机器设备之间的信息交互，关键在于其无线通讯的三种主要方式：机器TO机器，移动电话TO机器（例如远程控制），机器TO移动电话（例如远程监控）。目前的机器交互信息技术中，用于远距离交互场景的技术主要有GSM、UMTS，用于近距离交互场景的技术主要有BlueTooth、RFID、802.11 b/g。

（6）无线传感网络

通过自组织的形式，无线传感网络将随机分布方式呈现的数据处理单元、传感器以及通信单元进行集成，最终构成无线网络。无线传感网络能够通过集成节点的传感器对周围环境进行数据收集，不仅包括震动、声呐、雷达等信号，还包括温度、噪声、压力、光亮等物理现象。无线传感网络以较低的能耗、设备微型化、铺设简单且可移动的优势，在智能通信领域获得广泛应用，以构建具备分布式数据采集、交互、处理等技术的信息系统。

就物联网中的无线传感网络分析，主要涉及几项重要技术：智能传感器网络节点技术、测试与网络化测控技术、传感器网络安全。

（7）数据融合与智能技术

作为众多传感网络节点集成的物联网，应用传感网络节点对数据进行单独传送后再统一汇总至中心节点的方式并不可取。考虑到网络环境中的众多无用数据，统一进行数据传输不仅会造成网络带宽和电力资源的浪费，同时还会导致数据收集工作效率降低，数据采集工作的实时性不能得到有效保证。基于以上考虑，可以采用数据融合以及智能技术的方式。

数据融合指的是对各类数据、信息进行处理的过程中，基于先进的软件工程技术，将满足用户需求的数据进行组合，对物联网的目标信息进行海量存储和快速处理，以此提升数据处理的效率。

智能技术是经过知识分析，为了实现预期目的而采用的一系列处理方式。经由对目标物植入智能系统，目标物将会产生相应的智能属性，以满足用户的沟通需要。

物联网的产生和应用要求其需要综合实现传输、控制、感知和智能等多种信息技术。物联网深入研究将积极促进信息技术行业的共同发展。物联网的发展与应用受信息感知技术、网络通信技术、数据融合与智能技术、云计算等技术的直接影响。只有全面研究并充分解决这些关键技术问题，物联网的推广普及才能成为现实可能，社会发展也将由此上升到更高的阶段。

（8）纳米技术

纳米技术的研究对象是0.1～100纳米范围内的电子设备及其相关技术，随着计算机技术的更新升级，纳米技术也随之不断发展。目前，物联网领域的应用主要集中在RFID设备的小型化设计上。

3.3.8 区块链技术

区块链技术作为一种信息技术的最新应用模式，集合了众多先进的IT技术，其中包括共识机制、分布式存储以及对等网络等技术。区块链的本质是数据库的去中介化，这是比特币中的重要内容和核心底层技术，其表现为一连串的数据块，而这些数据块是由相应的加密算法产生，在网络中比特币交易的具体信息则存储在数据块中，所以每个数据块能够对交易信息的真伪性质进行有效验证，同时还能生成带一个区块以形成区块链。

关于区块链技术的相关管理办法，起源于2019年年初国家互联网信息办公室出台的相关管理规定文件，并于2019年2月15日开始实施《区块链信息服务管理规定》。

区块链技术（见图3－7）是目前核心计算机技术进行自主研发、自主创新的重要内容，而其目前需要攻克的最大技术短板则是相应的信息安全问题，近几年区块链的安全风险事件频繁发生，区块链的行业工作者必须对其加以重视，要大力推进区块链的发展和普及，相应的安全保障机制是不可或缺的。

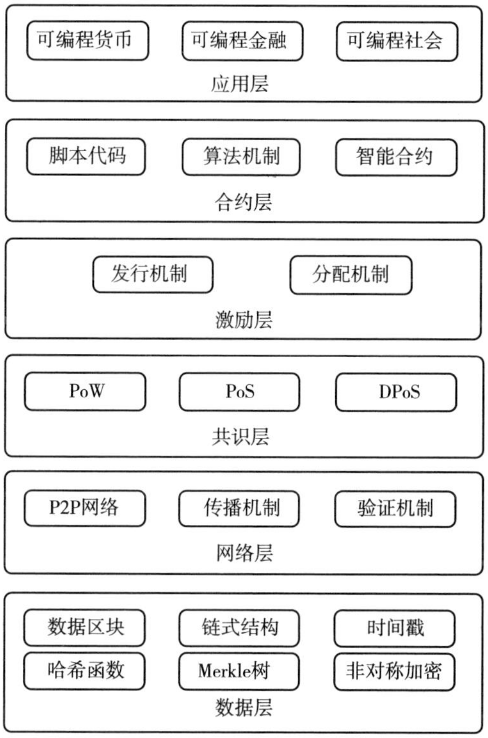

图3－7 区块链技术

（1）区块链的特征

①去中心化。作为区块链技术最核心的技术特征，去中心化的特点使区块链技术并不需要中心系统的调控，同时也不需要第三方平台或者相关硬件设施进行数据处理，只需要借助分布式计算和分布式存储的计算，就能够实现各自数据节点的信息验证和数据管理工作。

②开放性。由于支撑区块链发展的核心技术都具备开源属性，区块链用户就能够借助公开的数据借口对相关数据进行查询，并利用数据进行相关应用程序的研发。在区块链中，除了密钥私有信息被加密外，其他数据对所有用户都是可见的，因此它作为一个整体呈现了一个高度透明的信息系统。

③独立性。区块链系统并不需要依赖于任何第三方系统，只需要基于提前制定的技术规范、协议，就能够保证数据节点能够自动完成信息验证、交互，并不需要人工介入。

④安全性。在区块链中如果要修改响应网络数据，则至少需要掌握一半的数据节点，这便有效避免了区块链中人为控制的数据变更，有效提升了区块链系统的安全性能。

⑤匿名性。抛开相应的法律要求分析，从技术层面来说，区块链中各数据节点的具体信息内容并不需要进行公开处理，使数据信息能够在匿名状态下传输。

(2) 区块链基础架构模型

具体而言，一个完整的区块链系统通常由六层组成：数据层、网络层、共识层、激励层、合约层和应用层。具体各层内容如下：

数据层包含基本数据块、数据相关加密算法、时间戳等基本数据内容；

网络层里边包含了相应的数据传送、分布式存储以及数据验证等技术机制；

激励层里边包含了经济激励相关的发行、分配等机制，该部分将经济因素有效地纳入了区块链的体系范围内；

共识层里边包含了用于分装各数据节点的公式算法；

合约层里边包含了封装处理后的文件脚本、数据算法以及相关的智能合约，这也为区块链后续的编程拓展提供了基础；

应用层里边包含了区块链适用的具体应用情况和相关示例。

在区块链的技术框架中，比较具有代表性的创新技术主要有共识机制、经济激励、智能合约以及链式结构。

3.3.9 平台身份认证

身份认证是指为了阻止非授权用户任意地访问食堂数据系统内的资源，

在访问登录之前，需要对用户名称、设备 IP 等信息进行认证。通常用到的身份认证技术包括以下几种：

（1）通过个人在系统内预存的私密信息来验证登录者身份

比如说动态口令验证方法与基于密码体制的账号密码的验证方法。随着网络技术的普及和不断成熟，口令认证方式已远远不能满足人们的安全需求。账号密码的形式虽然能满足人们的需求，但是，密码通常是不变的静态数据，如果在网络上明文传送密码，那么很容易被人在信道上截获，或者被计算机中的木马获取，造成密码泄露，因此账号密码的形式也不太安全。

（2）通过登录者独有的物品来验证身份

比如通常的智能卡和使用广泛的 USB Key。但是智能卡的使用非常不方便，一方面，使用时需要特定的读卡器；另一方面，读卡器需要额外的成本，体积大，不便于随身携带，另外，不同的读卡器标准不同，使用十分不便。USB 密钥是近年来常用的身份验证方法，具有非常可靠、方便和安全的特点。它是一种基于 USB 接口技术的电脑硬件，使用时通过电脑 USB 接口和主机进行连接。并且，它内部配置了芯片操作系统、处理器和内存空间，用于存储登录用户的网络数字证书和密钥，通过特定的内置密码转译算法对身份进行认证。

（3）根据用户的生物特征来验证身份

生物识别技术是利用人的生物特征，如指纹和声音等来进行识别。但是这样也带来了成本造价过高的问题，不建议采用。

我们系统提供第一种和第二种方式的身份认证，第一种主要通过程序实现固定密码的登录方式。第二种是基于 USB Key 和 CA 的安全认证方式，是目前比较通用的、安全的用户身份认证方式，下面针对这种方式做详细分析设计。

考虑到系统登录账号与权限的安全问题，需要对用户权限进行分组管理。根据设计质量评价管理系统的功能，将管理系统角色分为两大类：一般操作用户和系统管理员。每一个用户会被赋予特定的访问权限，归到不同的分组中，登录后只能有访问权限以内的数据资源。

设计质量评估管理系统主要实现用户的身份认证和用户角色权限的分配。在用户使用账号密码登录系统时，系统内部首先通过 USB 接口完成用户和 USB Key 工具间的验证，如果验证通过，再完成用户和电脑主机的验证，通过这两个步骤就可以安全地确认用户有无登录权限，给用户分配预定义的角色。

在设计质量评价管理系统中，用户如果想登录平台，首先需要从电脑的客户点向电脑主机发送身份验证的请求，在电脑主机接到验证请求后，会生成一个动态口令发送回客户端，再由客户端把收到的验证口令转发给 USB Key。该串口令会被 Key 中所存储的私钥加密，加密后会被再次返还给主机，主机会根据公钥进行验证，最后如果通过验证，那么主机就给用户返回一个用户账号，并在数据库中查找这个账号是否存在，如果存在，那么就允许登录。用户在使用账号登录平台之后，可以在平台上根据所分配的角色权限，在相对于的数据范围与操作范围内进行数据查询、材料上传、日志查阅等操作。设计质量评估管理系统将根据用户的指示完成数据库的搜索和存储请求。

与传统通常使用的认证方案比较，上述的双因子认证方式安全性更强，主要有以下优势：

（1）相比智能卡体积较小，不仅方便携带，而且 USB 接口的标准统一，方便用户在多种电脑客户端进行登录。验证过程中账号密码不会以明文的形式暴露在外网，因此安全性也较高。

（2）系统登录认证使用了双向认证机制，在电脑主机和客户端之间完成 PKI 认证之后，用户才能进行登录。因此，用户想要获得认证资格，必须同时获得 USB Key 和用户账号。因此，即使用户的账号被盗取，但 Key 没有泄露，依然不会被冒名登录；同样，如果用户的 USB 密钥丢失，但用户账户未知，也无法完成登录。再加上三次错误锁定机制，有效保护了平台登录安全。

①安全通信。在系统中存在许多敏感信息，保障这些信息在网络通信中的安全，是安全保障体系的重要内容。系统中的网络安全通信主要包括身份鉴别、数据保密、数据完整性验证以及抗抵赖。

②密码算法。系统中的安全通信主要是通过密码技术实现，包括公钥密码算法、对称密码算法、HASH 算法和 MAC 算法。按照国家对商用密码的相关政策法规，系统中的密码算法采用国家密码管理局批准使用的密码算法，基于这些算法的网络通信安全设备采用国家密码管理局批准的商用密码

产品。本系统采用的密码包括：

- 对称密码算法：采用国家商用密码算法，主要用于通信数据的保密；
- HASH 算法：采用 SHA－1 算法，用于数字签名中数据的 HASH 运算；
- MAC 算法：采用 HMAC－SHA－1 算法，用于通信数据的完整性验证；
- 公钥密码算法：采用 RSA 算法，密钥长度为 1024 比特，用于数字签名和验证以及数据加密密钥的分发。

③公钥基础设施。公钥数字证书提供了一种准确、有效的把证书信息与可识别的唯一用户之间的有效绑定关系。在设计质量评价管理系统中，采用数字证书的方式标识系统中每个用户的身份。PKI 的主要目的是通过管理密钥和证书，支持整个系统基于公钥密码算法的数字签名、身份认证和加密技术的安全服务，为设计质量评价管理系统建立起一个安全的运行环境。PKI 的核心是 CA 系统，主要负责证书的申请、证书的生成、证书的发放、证书的撤销以及证书撤销列表（CRL）的发布。本系统建议采用国家主管部门认可的第三方 CA 系统发放的数字证书，不仅可以降低系统的建设、运行及维护成本，同时也保证了对整个系统用户的“公平、公开、公正”的原则。

④SSL 安全方案。目前网络通信中的数据保密、身份认证、完整性验证一般采用 SSL 协议实现。在实际使用时，在通信双方进行交互之前，需要通过数字证书证明身份，这个步骤通常使用三次握手或者四次握手协议实现用户与电脑主机的身份鉴别，确保建立的通信通道安全；在通信时，双方通过 SSL 协议中的数据应用协议确保数据的完整性和机密性。在该系统中，服务器端 SSL 协议通过部署两个 SSL VPN 网关来实现。

⑤抗抵赖方案。系统中的抗抵赖主要是采用 RSA 算法的数字签名与验证技术，在应用层通过电子化政府采购系统业务软件实现。抗抵赖机制包括数据原发方抗抵赖机制和数据接收方抗抵赖机制。

数据原发方抗抵赖机制旨在防止数据发送方故意否认发了数据或否认发送数据的内容。包括以下阶段：

- 发送方生成数据内容，产生数字签名，并将签名附在发送数据上，必要时可附加时间标签。

• 发送方将数据及对应的签名发送给接收方，接收方存储接收的数据及签名。

• 出现争议时，仲裁者对数据及签名进行验证，确定真伪。

• 数据接收方抗抵赖机制旨在防止接收方故意否认接收到数据或否认其内容。包括以下阶段：

■ 接收方在接收到数据后，产生确认信息。确认信息包括对接收数据（包括原数据内容和原发送方对数据内容的签名）的签名。

■ 接收方将确认信息发送给数据原发放。原发放存储确认信息。

■ 出现争议时，仲裁者对数据及签名进行验证，确定真伪。

⑥访问控制。

• 应用访问控制。访问控制除了在系统安全解决方案中采用的方法之外，还可以通过对身份和权限的鉴别，达到控制用户访问权限的目的。访问控制的目标是防止对信息系统资源的未经授权的访问和未经授权的使用。该方案中的访问控制机制提供了一种基于身份和属性统一的访问控制机制。

基于身份和属性相统一的访问控制机制从以下两个方面进行描述：

访问控制信息：发起者的访问控制信息是标识发起者身份和用户 ID 的公钥证书。目标的访问控制信息采用访问控制列表、目标标识等。

支持机制：访问控制判决功能对发起者的身份和属性通过其相应的证书进行鉴别，并根据目标者的访问控制属性推导出与发起者属性匹配的操作描述。ADF 判决访问被允许或拒绝的方法是判决发起者的操作请求与目标者的操作描述是否一致。

权限划分为超级管理员、系统管理员和终端用户。超级管理员拥有最高权限，可以授权系统管理员，再针对各种用户的业务需要，根据权限最小原则，分别授予不同用户与业务相适应的数据与操作最小权限，通过最小授权来制约用户在实现应用系统的访问控制。

• 数据库访问控制。系统采用三层结构设计控制数据库的访问权限。数据库管理系统 Oracle 与 MySQL 的访问控制主要是采用用户管理、数据库对象的授权等机制，这种机制并不能彻底保证数据的安全，只要非法访问者的访问请求能够到达数据库，就能突破其本身的访问控制机制，所以，我们采用三层结构设计将所有不明确的访问进行隔离，彻底保护数据库不被非法用户访问。

针对数据库访问控制，我们将数据信息分为发布数据（如：对外公布的招标公告、办事指南等）、应用数据（如：开标前提交的标书、评标过程中产生数据等）、敏感信息数据（如：从涉密网获取的采购预算等），对应的数据库分别是发布数据库、应用数据库、敏感信息数据库。发布数据库中所有信息都将由应用数据库写入，发布数据库没有读取服务应用数据库的权限；应用数据库的部分敏感信息将由敏感数据库通过安全隔离网闸写入应用数据库，应用数据库也没有访问敏感数据库的权限，采用三层结构设计能重复保障各层次的数据安全。

3.3.10 Rundeck

Rundeck 是一款能在数据中心或云环境中的日常业务中使程序自动化的开源软件。Rundeck 提供了大量功能，可以减轻耗时繁重的体力劳动。团队可以相互协作，共享如何自动化流程、查看业务活动或执行任务。

Rundeck 是指在主机系统的服务器应用程序中指定一个中央行政控制中心。内部，Rundeck 将作业定义和执行历史记录存储在关系数据库中。输出从指令和工作处理结果保存在磁盘上，可以转发到远程存储例如 logstash 上（见图 3－8）。

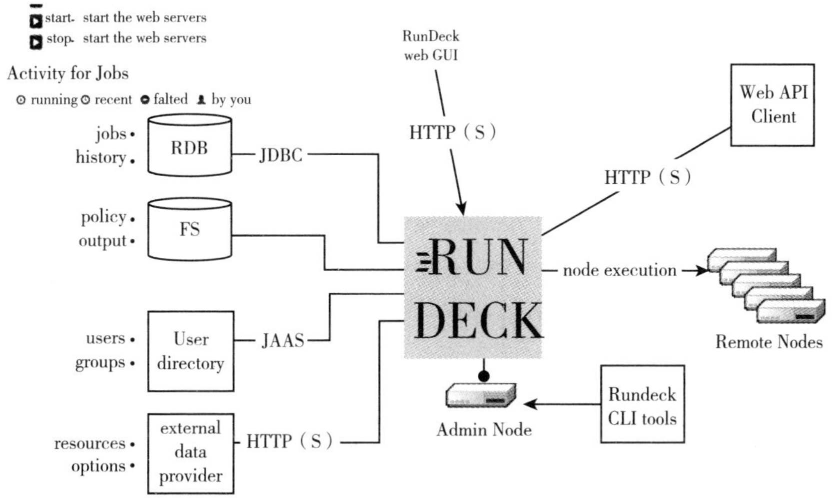

图 3－8 Rundeck 技术

4

智慧财务平台架构与系统设计

4.1 总体架构图

智慧财务平台架构如图4－1所示。

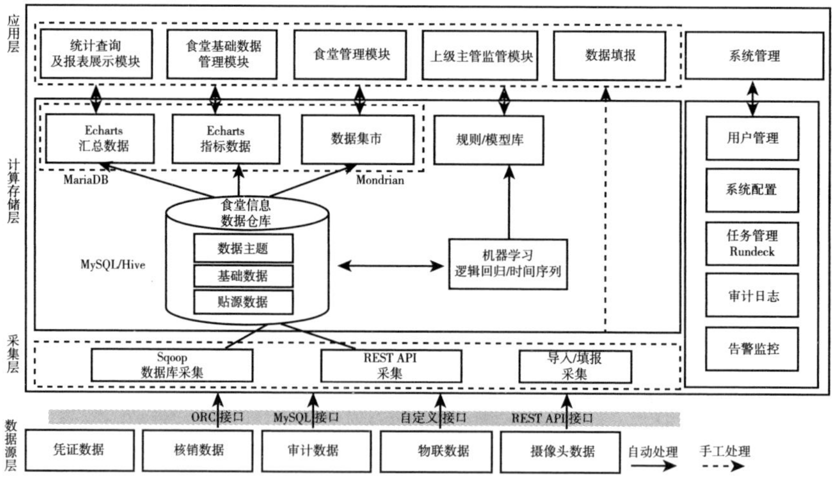

图4－1 智慧财务平台架构图

智慧财务架构图说明：

（1）数据源

数据源包含结构化和非结构化的业务数据，如凭证数据、核销数据、审计数据、物联数据及摄像头数据。

（2）数据采集

针对数据源类型提供适配的数据采集技术框架，如数据库采集、Rest full API 采集及文档资料、数据导入和在线填报采集框架。

（3）数据存储与计算

①根据数据存储的格式、编码规则，提供数据库存储、文件资料存储。

②文件存储如 pdf，xlsx，docs 等工程设计文档，并在数据采集时存储索引信息到数据基础库。

③依据食堂信息化的数据主题计算分析指标，并通过机器学习形成用于监测的规则、模型库。

④为数据统计分析提供数据指标、数据集市及规则、模型库；为文件资料提供检索和下载服务引擎。

（4）统计分析展示

①实现统计查询及报表展示、食堂基础数据管理模块、食堂管理模块及上级主管监管模块。

②支持数据查询、对统计结果利用饼图、柱状图、折线图、直方图进行丰富的数据可视化展现。

③对于部分信息提供在线申报和填报的功能。

④系统管理对系统进行统一管理，如功能角色权限分配、任务管理、数据监测及运行日志记录等。

4.2 运行环境设计

4.2.1 运行环境设计

平台作为一个综合性的技术系统，其运行环境设计涉及网站架构、硬件、软件三个方面（见图 4－2）。

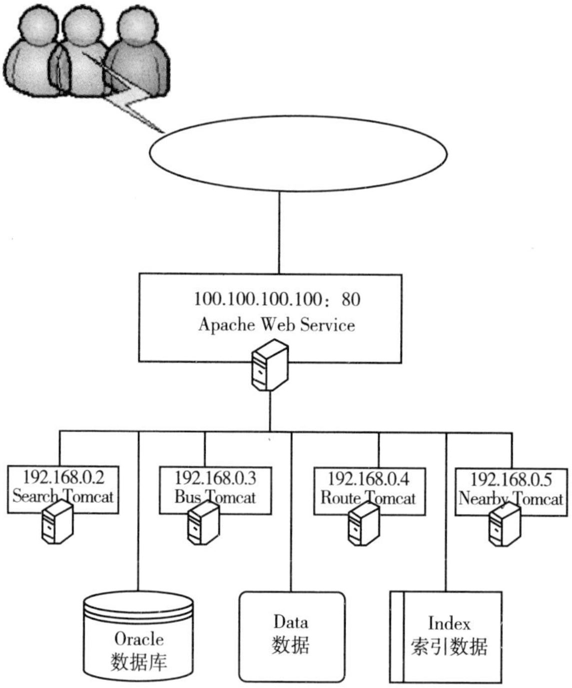

图 4－2 智慧财务网站架构示意图

平台系统建立在海量业务数据之上，为提供更好的用户体验，网络架构包含服务集群、负载均衡、镜像、缓存、分布式、并行式计算等，这些技术是系统架构的组成部分，硬件架构体系如图 4－3 所示。

系统采用多层架构部署，数据层采用集群式数据服务器，Web 服务器作为负载均衡集群部署，确保电子商城的数据处理具有高度的可用性和灵活性。文件与图片服务器部署在独立服务器上，可进一步减轻 Web 服务器的压力，加快了网站的浏览速度。另外通过防火墙来进一步保证服务器的安全。在电子商城互联网 DMZ 区，应用服务器区分别部署防火墙，设置相应的安全策略，确保整个商城系统免受来自互联网以及来自内部的非法侵入和攻击。在对关键的网络设备、服务器设备均要采用冗余配置，这主要体现在：

①对于负载均衡器这些串接在互联网连接链路上的、单点故障将引起所有业务中断的关键设备采用了冗余部署。

②采用双主模式的防火墙部署模式，一方面减小了数据流量对防火墙造

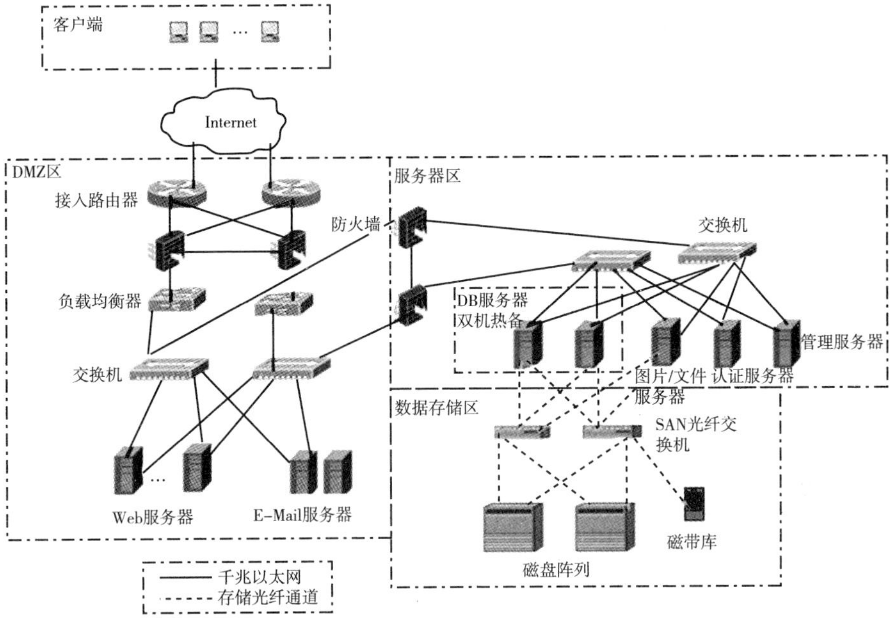

图 4-3 智慧财务系统网络拓扑结构示意图

成的压力，同时也避免了单一防火墙系统出现故障或由于网络攻击出现故障而引起全部业务的中断。

③部署两台服务器汇接交换机用于连接服务器群，同时两台服务器汇接交换机通过两对千兆链路建立起 channel 连接，为服务器提供冗余连接，同时实现数据流量的负载均衡。

根据中国文化产品电子商城系统平台网络拓扑构架将中国文化产品电子商城系统平台部署在 IDC 数据中心，基础设备体系划分为三个区域：互联网 DMZ 区、服务器区、数据存储区。

- 互联网 DMZ 区方案

互联网接入将采用租用运营商 IDC 线路带宽接入 INTERNET。采用双链路互备的方式，以确保 INTERNE 链路的高可用性。连接总带宽为 100M，每条链路各 100M。在互联网 DMZ 区部署两台千兆硬件防火墙，两台硬件防火墙互为备份，对来自互联网的外部非法入侵和攻击做有效隔离与过滤。部署了两个硬件负载平衡交换机，这两个负载平衡交换机互为备份。两个负载平衡交换机连接到顶部的防火墙，服务器交换机位于底部的 DMZ 区域。服务器交换机连接到Web服务器和电子邮件服务器。负载均衡交换机将来自互联网上客户端对电子商城的访问请求，负载均衡到Web服务器群中的不同服务器上。部署6台Web服务器进行Web请求的负载均衡，以支持项目一期的1万用户在线，1000用户并发的技术需求。

- 服务器区设备部署

在服务器区入口处放置两台千兆硬件防火墙，负责将服务器区与其他网络区域进行逻辑隔离。采用两台三层交换机作为服务器汇接交换机。分别通过千兆链路连接到服务器区防火墙，同时两台服务器交换机通过两条千兆链路建立起channel连接。服务器区中部署数据库服务器、图片和文件服务器、认证服务器、管理服务器等服务器设备。关键的服务器设备，如数据库服务器，采用双机热备，确保系统的可用性。

- 数据存储区设备部署

部署2台SAN光纤交换机，以构成冗余双存储光纤链路连接。服务器配置存储光纤HBA卡，通过双光纤通道，分别连接两台SAN存储光纤交换机。同时，SAN磁盘阵列还通过双光纤通道连接到两个SAN存储光纤交换机。双光纤通道既可以设置成一主一备，也可以进行数据传输通道的负载均衡，可以保证整个SAN存储局域网的光纤通道的高可用性。两台SAN磁盘阵列，一主一备，主、备磁盘阵列之间通过磁盘阵列数据复制软件进行数据的异步复制。因此备用磁盘阵列是主磁盘阵列的完全数据镜像，通过备份软件可以从备份磁盘阵列中进行磁带的全备份或增量备份，由于数据备份在光纤SAN中从备份磁盘阵列传输数据，不占用数据以太网络带宽，从而在数据备份时对生产环境的数据处理的性能几乎不影响。

4.2.2 硬件环境

平台服务器集群，包括WEB服务器、认证管理服务器等硬件设备，其硬件配置需求如表4-1所示。

4.2.3 软件环境

平台软件环境配置如表4-2所示。

表 4－1　　平台硬件环境配置列表

类型	设备名称	基本配置	数量	说明	备注
DMZ 区	千兆防火墙	4 个千兆电口，同时支持 2 个扩展插槽进行接口扩展	2	双主模式	
	三层以太网交换机	24 个上行千兆电口，4 个下行千兆电口	2	互备方式	
	负载均衡器	≥4 个 10/100/1000BASE－TX 端口	2	互备方式	
	Web 服务器	双路服务器，2 颗处理器；8GB 内存；2×500G SAS 硬盘；带电池保护；集成两个千兆网卡；DVD；热插拔冗余电源；远程管理	6	服务器群、负载均衡	
	E－Mail 服务器	四路服务器，4 颗处理器；16GB 内存；4×500G SAS 硬盘；带电池保护；集成两个千兆网卡；DVD；热插拔冗余电源；远程管理	2	互备方式	
服务器区	千兆防火墙	4 个千兆电口，同时支持 2 个扩展插槽进行接口扩展	2	双主模式	
	三层以太网交换机	24 个上行千兆电口，4 个下行千兆电口	2	互备方式	
	数据库服务器	四路服务器，4 颗处理器；64GB 内存；4×500G SAS 硬盘；带电池保护；集成两个千兆网卡；2 个光纤 HBA 卡；DVD；热插拔冗余电源；远程管理	2	互备方式	
	管理服务器	双路服务器，2 颗处理器；8GB 内存；2×500G SAS 硬盘；带电池保护；集成两个千兆网卡；2 个光纤 HBA 卡；DVD；热插拔冗余电源；远程管理	1		
	认证服务器	双路服务器，2 颗处理器；8GB 内存；2×500G SAS 硬盘；带电池保护；集成两个千兆网卡；DVD；热插拔冗余电源；远程管理	2	互备方式	

续表

类型	设备名称	基本配置	数量	说明	备注
数据存储区	光纤交换机	8口激活光纤交换机，（1）（2）4和8 Gbit/秒自动侦测功能，15米LC光纤线缆8条，8GB短波光纤模块8个	2		
	磁盘阵列	双控制器，≥4GB缓存；冗余电源，实配6T容量，最大可支持≥120T容量	2		
	磁带库	1个LTO－3驱动器，24插槽	1		

表4－2　　　　平台软件环境配置列表

服务器名称	规格型号	软件性质
WEB服务器2台	RedhatEnterprise Linux Advanced Server 5.0	
	IBM WebSphere Application Server 5.0	
	Sun JDK 1.6	开源
	网页防篡改软件	
	Clamav杀毒软件	开源
认证管理服务器4台	RedhatEnterprise Linux Advanced Server 5.0	
	IBM WebSphere Application Server 5.0	
	Sun JDK 1.6	开源
	Clamav杀毒软件	开源
数据库服务器2台	RedhatEnterprise Linux Advanced Server 5.0	
	Sun JDK 1.6	开源
	Oracle 11g Enterprise	
	Clamav杀毒软件	开源

4.2.4　技术指标

（1）统一数据模型，方便灵活转换

系统的业务数据需采用统一的数据模型，为后续的平台升级和维护打好坚实的基础。

（2）解决海量数据的高效存储和管理

系统数据量大，数据库必须将海量数据组织成无缝的数据库，并保证在整个数据库范围内进行浏览和查询的响应速度，实现其高效存储和管理。

（3）提供数据安全保障机制

为保证数据的安全，操作系统必须提供保证数据安全的各种措施，防止数据丢失的问题。此外，系统需要采取中央服务器/网络磁盘阵列/离线磁带库和远程备份存储的数据安全措施。

4.2.5 扩展方案

平台需要扩容升级的必要条件为：

①随着业务的发展，现有软件功能如不能满足业务要求，需要进行软件功能的扩展来满足业务需求。

②随着软件版本的更新，需要对原有系统功能进行改造和升级来提高用户操作体验或改进业务功能。

系统基于基础架构平台搭建，各模块之间松耦合，使功能的扩展非常方便且不影响原有模块。系统设计充分考虑了未来的发展和内部变化，以适应未来管理体制、机构设置、业务流程和管理要求的变化而引起的业务重组，满足系统未来的发展需求。在系统架构和软硬件配置方面，在考虑当前需求的前提下，预留了未来扩展的空间。

4.3 智慧财务系统设计

4.3.1 订单处理模块系统规划

物流公司的正常运营活动都是以订单作为开端的。处理订单是一长串物流作业的起始，处理的正确与否以及效率的高低，对后续作业绩效有着重大影响。订单处理发生错误，会造成拣货、配送安装及退货补送作业等环节出现问题。公司不能承担由于错误的订单处理而造成商品往返的成本。订单处理开始于接到客户订单，先后经过输入、查核、确认库存分配等步骤，生成出货指示资料，拣货、配送，最后由客户签收，取款结算等作业过程。订单处理业务流程图如图 4－4 所示，灰色部分由其他子系统完成。

订单处理模块的信息系统主要功能包括订单接收、订单分类、订单分

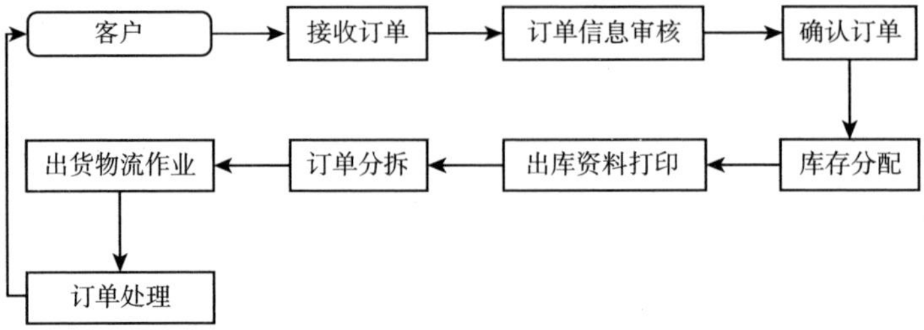

图 4－4 订单处理业务流程图

拆、订单合并。该部分系统需要支持对各类订单信息的实时接收、分类归集、分拆或合并进行处理（见图 4－5）。

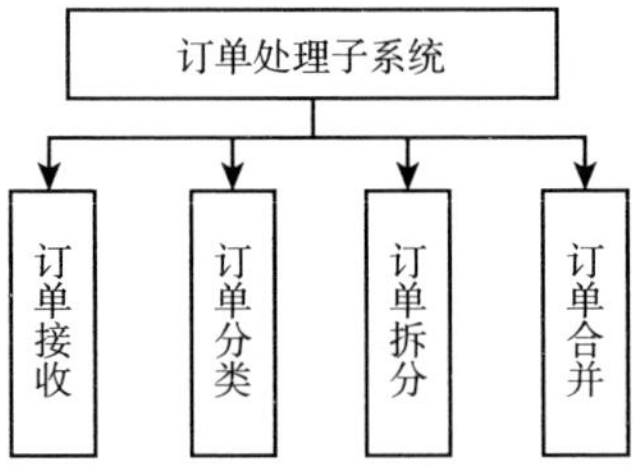

图 4－5 订单处理子系统的功能

订单接收：接收订单是订单处理的第一步，要对订单的信息进行输入，将客户的需求信息输入订单系统，建立文件。并对订单审核，进行输入检查和交易确认。如订单有异动，应该进行及时的修改；

订单分类：物流小微企业现阶段主要接收安装订单和维修订单；

订单拆分：根据订单的状态，一般可分为已输入及已确认、已分配、已拣货、已出货、已收款、已结案、已锁定等。

订单合并：对上述订单进行归类合并整理，形成数据库。

4.3.2 智能调度模块系统规划

企业的运营管理过程中，资源是参与作业的人力、财力及物力。资源的两大属性即可用性和适用性关系到系统整体功能运行。合理运用资源是至关重要的。不合理的资源调度也会在很大程度上增加企业的成本，在对订单进行分析以后，对所需产品的自动智能检索和配载，人员调度，运输路线的规划，作业的排序，车辆调度，实时路况分析进行整体的调度和规划，形成服务计划，从价值链的角度来看，可以有效提高作业的正确性及效率，增加企业的经济效益。

智能调度管理模块的信息系统主要功能包括自动配载、路线规划、实时路况、智能调度、排序作业和调度变更，如图4－6所示。

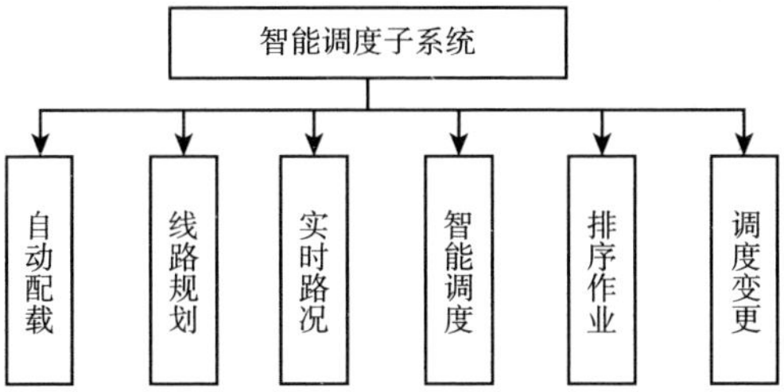

图4－6 智能调度子系统的功能

（1）自动配载

为了使车辆能够满负荷运输，使运输的效益最大化，将多种、多批次货物配载到同一辆车上。自动配载是根据实际的运力资源，分析作业任务，根据货物的质量、体积、目的地、车辆、驾驶员及线路计算出最优车辆、货物及路径的组合完成运输的环节，能够实现现有资源使用率的最大化。

（2）线路规划

划分和匹配配送区域的路径，设置各种参数，以获得最短配送路径、最短配送时间或最短配送成本的最优解。对运输路线进行规划，力求以最短路径、最快速度、最低成本到达指定服务地点。

（3）实时路况

对实时交通状况进行掌握，为路线规划提供保障。

（4）智能调度

调度企业整体资源，完成配送及运输计划的制订、资源的分配、在途车辆及货物的控制、空间与运输路径的配载等工作。提供基于人、车、物等各种资源或基于时间、地域、路程等各种外因的多维度、多线程调度算法。

（5）排序作业

由于客户需求不同，所需要的设备不同，所在区域不同，因此需对现有的作业进行合理排序，以完成时间最短、服务质量最优为目标，提供支撑“送装一体”以及维修服务的排序作业。

（6）调度变更

调度变更是指在订单出现异动的情况时，以最快的速度对所需资源进行调度变更，最大程度上降低企业的损失。支持实时变更服务计划的调度。

4.3.3 仓库管理模块系统规划

仓库管理是小微企业运营中心的核心功能之一，也是占用企业空间最大的区域，因此对仓库管理的合理化和高效性管理成为系统的重要组成部分。仓库管理是指为所有库存货物提供服务的经济和技术方法和活动。其对象主要包括货物存储中的接收、管理、发送和相关的加工等经营活动，以及围绕货物储存业务展开的针对人力、财力、物力的运用和管理，仓储信息的收集处理和传递等。支持进货、搬运、储存、盘点、拣货、补货、出货、逆向作业、条码管理等常规仓库作业。完善的仓库管理系统，会带来仓库周转效率的提高、占用运营资金的减少、仓库淘汰所造成的成本的减少及使得冻结的资产变成现金，对企业运营效率的提高是重要的保障。

仓库管理的业务流程以保管活动为中心，从接收仓储服务的仓库开始，到根据需要完好交付所有货物的流程结束。主要劳动作业过程包括扫描、堆存、保管和支付等。所涉及的管理环节包括货位安排、理货检验、货物记账、保管、报表统计等。商务作业主要有收货交接、交货交接、残损处理、逆向货物处理等。

仓库管理模块的信息系统主要功能包括进货管理、条码管理、库存管理、出货管理、增值管理、逆向作业，如图4-7所示。

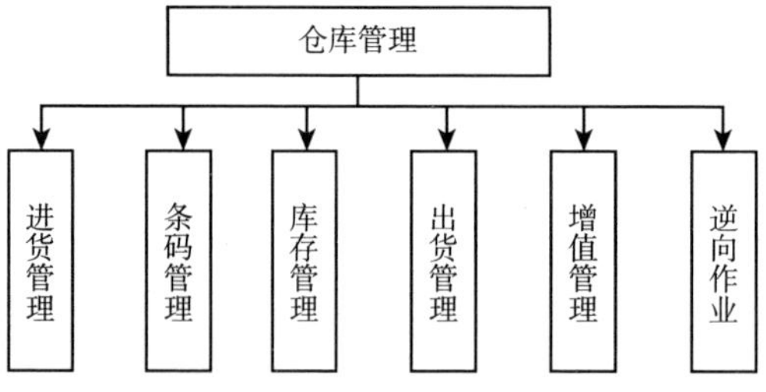

图4-7 仓库管理子系统的功能

（1）进货管理子系统

货物到达仓储区域，先后经由接收、分拣、码放、并完成交割手续的过程是进货管理。所涉及的主要环节包括分析进货、货物送达、货物卸下、理货拆装、验收货品及记录进货等，其流程如图4－8所示。

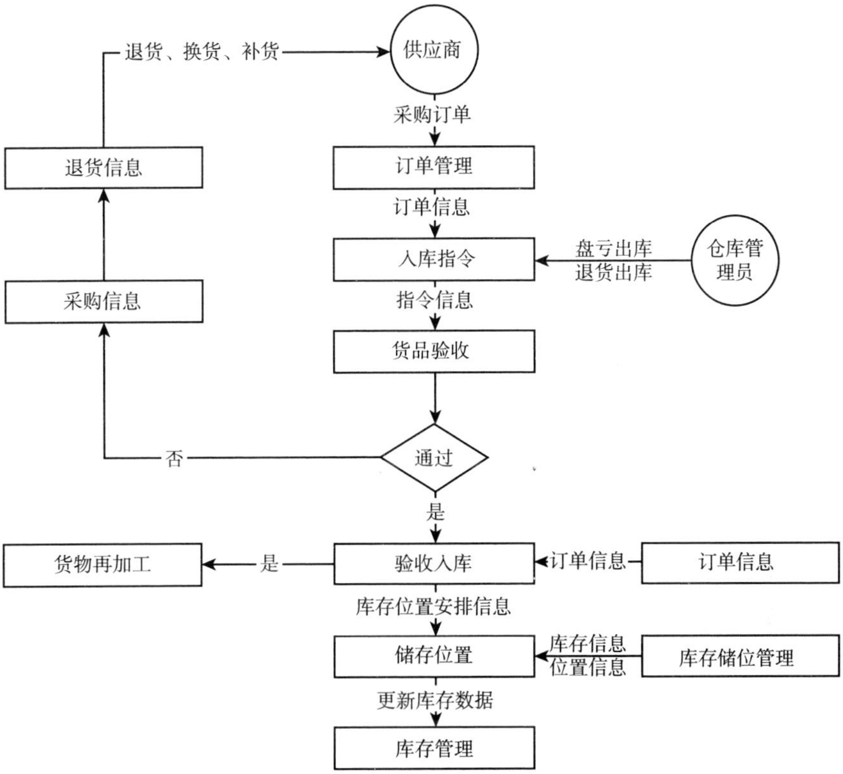

图4－8 进货管理业务流程

（2）条码管理子系统

条码管理是采用目前的条码技术管理现有产品，让每个产品拥有一张唯一的条码资产标签，全程跟踪管理从起始于产品购入企业并结束于产品出库的整个生命周期。信息化、规范化和标准化管理产品，使企业就货物管理工作的管理水平和工作效率得以提升，实现管理的轻松化、准确化、快捷化和全面化。

(3) 库存管理子系统

库存管理是仓库管理的基本功能之一，负责内容主要包括产品入库的货物检验和复核以及产品的出库。其系统功能主要包括储区储位编码和维护、产品及库存资料查询及维护、储位指派及储位状态查询、盘点管理及库存控制、补货信息。其业务流程图如图 4－9 所示。

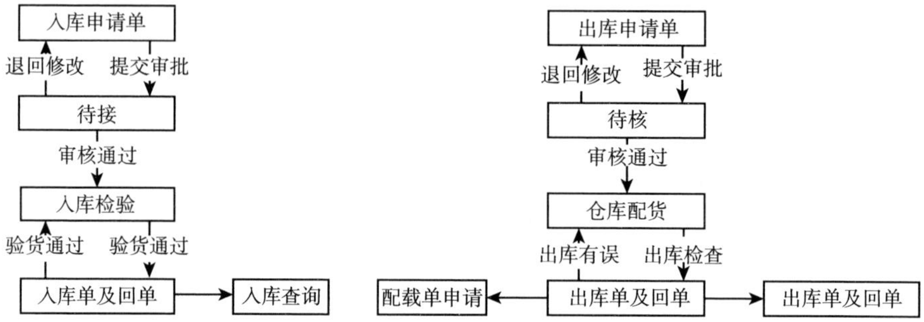

图 4－9 出入库管理系统业务流程

(4) 出货管理子系统

该模块的工作包括以下内容：准备出货资料、商品的集中、包装、分类和确认、指定运送车辆等过程中的信息处理工作，例如，查询客户服务、查询和分析发货数据、管理紧急发货、管理发货优先级、管理发货异常等。出货管理信息模块将客户指定的送货日作为依据，仔细核对订单情况与出货情况，根据有无紧急出货的订单需求的实际情况，分配机器、人力及车辆等有限资源。其业务流程图如图 4－10 所示。

(5) 增值管理子系统

仓库支持完成最后的生产活动，以延迟产品的专门化和优化产品的特点。对客户的需求及时做出反应，用包装的形式来完成增值服务的提高。如：当客户有个性化包装需求时提供特色服务或为产品去除最外层保护性包装后交付客户。此外对于优化产品的特性，产品在仓促进行装配过程中出现问题，可以进行必要的补救，以提供最后阶段的增值作业。

(6) 逆向作业管理子系统

在进货管理环节，对审核不通过的商品进行退货、换货、补货等逆向作业；在出货管理环节，对于不满足出库条件的商品进行回库处理作业。

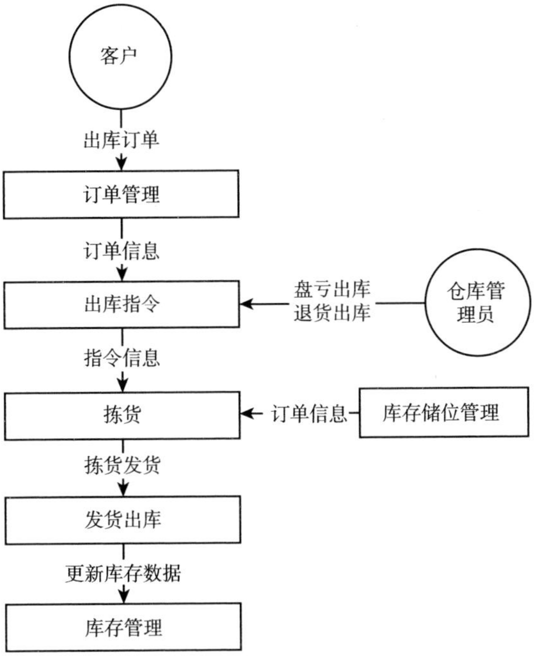

图 4－10 出入库管理系统业务流程

4.3.4 配送管理模块系统规划

配送管理是将货物从接收订单开始到交付给客户为止的运输作业。配送管理业务流程如图 4－11 所示，灰色部分由其他子系统完成。从客户接收服务订单开始，录入订单并确认；调度员根据确认的运输指令进行车辆调度和运输路线安排；接着驾驶员至仓库进行装货，并确认装车，执行运输任务；确认车辆在途后，企业对在途车辆进行监控管理，实时掌握车辆运行情况；运输完成后，客户签单确认配送结果。

配送管理模块信息系统的主要功能包括配送管理、跨库作业管理和位置跟踪管理以及车况管理，如图 4－12 所示。

（1）配送管理子系统

配送管理是该模块的中心，是将商品使用合适的交通运输工具适时、准确地送达顾客手中的过程，主要目的在于克服企业和客户之间空间上的距离。配送作业主要包含安排运送车辆、实际配送作业及运送过程中的追踪管

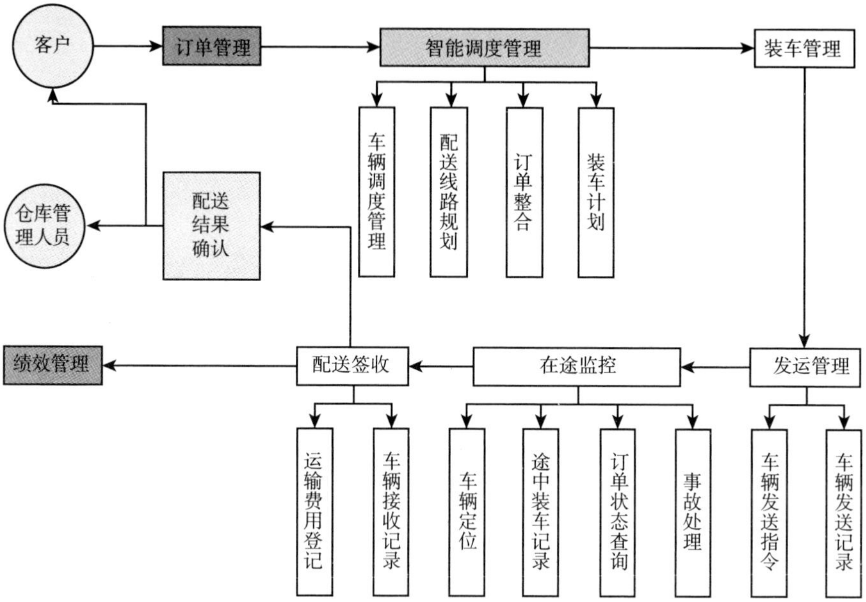

图 4－11 配送业务流程

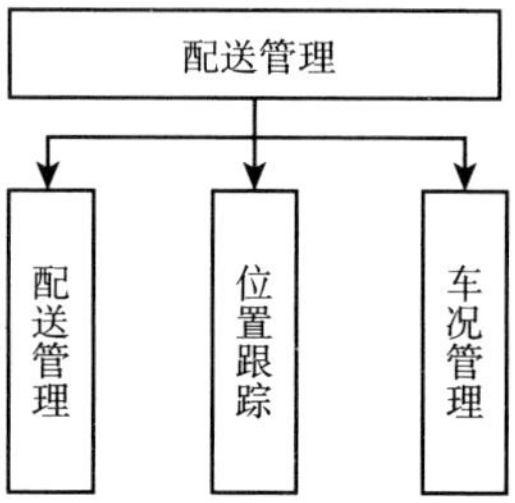

图 4－12 配送管理子系统功能

理。因此，分销管理模块主要管理出库产品在实际运输和交付过程中产生的发货、装车、运输、签字等相关作业活动。例如，配送车辆种类的合理选择、配送次序的排定、有效的装车方式选择、最短运输路线、最快配送时效及最低配送成本的求取。

（2）位置跟踪子系统

该功能通过 GPS 定位、实时流数据处理等技术，对移动车辆的准备位置、速度和状态等必要参数进行监控和查询，从科学的角度进行车辆跟踪管理，提高交通效率，在紧急情况或者其安全受到威胁的情况下，向控制中心发出警报信息。另外，该部分功能还能有助于客户随时了解自己所订商品的运输情况，提高客户服务质量。

(3) 车况管理子系统

它主要是对公司自营车辆档案资料信息的管理。主要包括：车辆所属公司、车辆类型、车辆牌号、所耗燃料类型、车辆种类、保养公里数、保养月数、车辆内长宽高等信息、车辆外长宽高等信息、车龄、主要驾驶员、车辆外形照片等众多信息。

4.3.5 服务质量优化模块系统规划

服务质量优化管理模块的系统主要包括服务营销、客户互动以及客户体验管理，如图 4－13 所示。

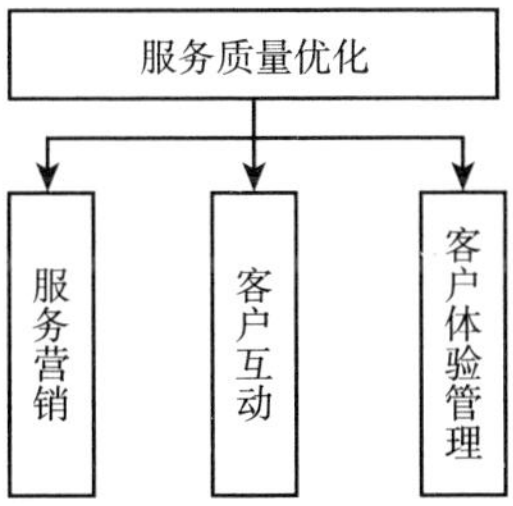

图 4－13 服务质量优化子系统功能

(1) 服务营销管理模块

服务营销是企业在充分了解满足消费者需求的前提下，在营销过程中为充分满足消费者需求而采取的一系列活动。本模块的信息系统旨在通过塑造服务品牌，满足客户需求，超越客户期望，实现忠诚营销。信息系统建设主要是建立客户档案，对客户资源进行分类管理，搭建企业与客户之间的信息交流平台。

(2) 客户互动管理模块

企业与客户之间的沟通必须是双向的，以便及时收集需求和传递产品信息。系统模块的主要功能是建立自己的网站，建立呼叫中心，收集短信等媒体。有必要向客户提供有关产品的所有实时信息。客户可以通过媒体查询自己想要的信息，并通过媒体向企业提出自己的意见或建议。

（3）客户体验管理模块

本模块信息系统设计的出发点是提升客户的整体体验，注重与客户的接触，完成产品交付前、交付中、交付后各阶段的协调与集成。不同的客户接触点和联系渠道有目的、无缝地为客户传递目标信息，创造与品牌承诺相匹配的正面形象，实现良好互动，创造差异化的客户体验，获得客户忠诚度，强化感知价值。实现了企业收入和资产价值的增长。

4.3.6 服务质量监控模块系统规划

服务质量监控管理模块的系统主要包括可视化管理、服务考评、外勤人员管理和目标考核制度管理四个子模块，如图 4－14 所示。

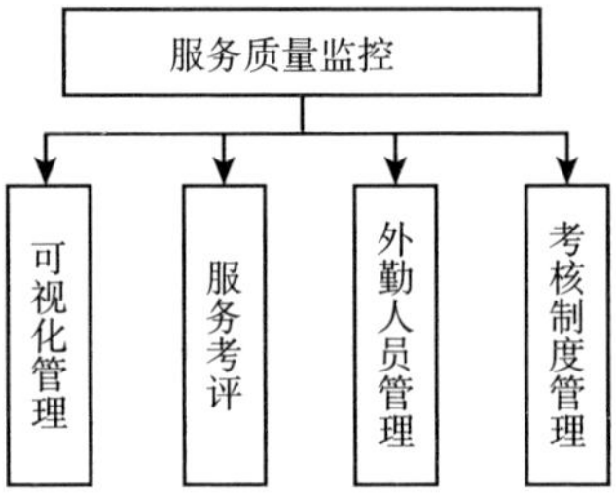

图 4－14 服务质量管理子系统功能

（1）可视化管理模块

将管理过程等信息通过技术手段，实现可视化，预防可能出现的问题，及时解决已经出现的问题，使物流的运行效率和准确性得到提升，有效地提高客户的满意程度，提升企业的经济效益和核心竞争力。模块以数据库等作为支撑技术手段，用计算机分析商品的状态信息。客户和管理人员能够查询、统计、分析、图形转换和输出实时、准确、动态的图形，从而把握和了解商品的实时信息。

（2）服务考评管理模块

主要从实际的操作、业务流程、工作的态度、团队精神等角度考评企业员工的服务质量，除了全体员工均适合的内容以外，不同的岗位设置不同的考核内容。比如企业的管理人员，应该分不同层次、不同岗位进行考核。

（3）外勤人员管理模块

设计该模块的目的在于让管理者随时了解企业外出人员在工作中到访客

户的位置，精确管理上下班时间等信息，节省时间成本，使工作透明，提高员工出勤率，提升企业业绩。

（4）目标考核制度管理

根据企业实际情况，对管理人员进行考核。不同层次、不同岗位的员工应该制定不同的考核指标，以到达企业整体绩效。

4.3.7 进销库存管理系统规划

备品备件进销存管理模块。首先是备品备件的计划管理，系统需要实现采购工作中的采购计划制订、采购需求数据的采集以及采购方式的选择等功能。其次是备件库存管理，该模块是最为重要的管理模块之一，实现从备件入库到备件出库之间所有与之相关的业务流程，包括备件出入库管理、应急件处理、库存调拨、库存属性、盘点结存以及价格调整等功能。系统主要功能如图 4－15 所示。

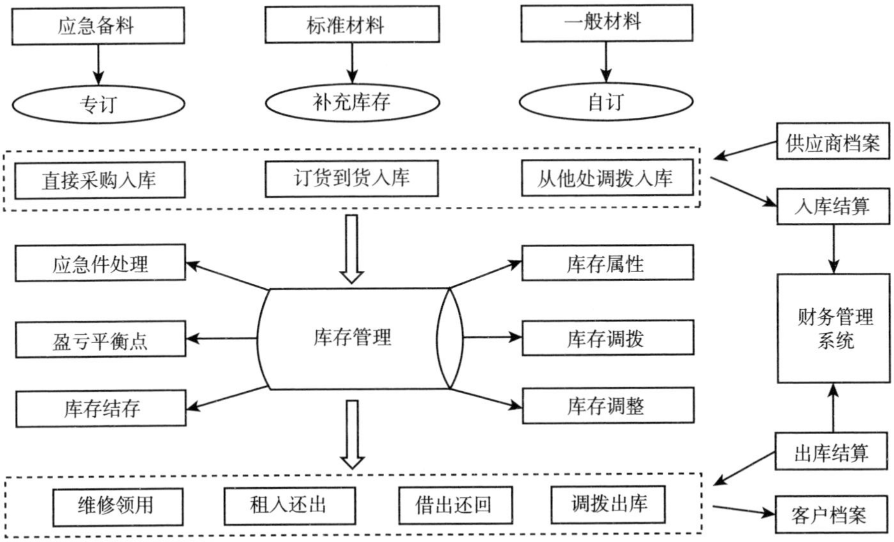

图 4－15 备货进销管理子系统功能

4.3.8 基础财务模块系统规划

基础财务管理信息系统模块主要包括基础固定资产管理、财务管理、工资管理、总部资金管理以及发票管理，系统结构图如图 4 – 16 所示。

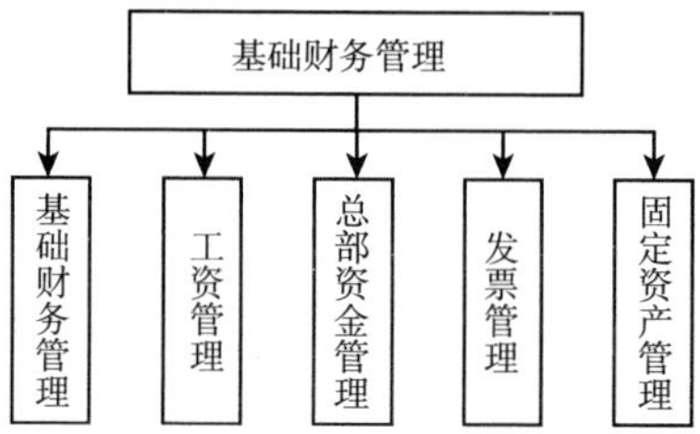

图 4 – 16　备货进销管理子系统功能

（1）固定资产管理模块

所谓固定资产管理就是管理企业现有设备、自动计算折旧费用、提供财产目录以及每月折旧明细表，供基础财务管理子系统之用。

（2）基础财务管理模块

包括应收账款管理子系统和应付账款管理子系统两个子系统。发货后，应收账款系统将订单数据从订单数据库传输到应收账款数据库。结算日，财务人员根据客户统计应收账款打印付款单和发票。应付账款是指商品采购入库后，将采购信息从采购数据库转移到应付账款数据库。会计人员调用该模块为供货厂商开具发票和请款单，按照供货商进行应付款统计并做核对。账款支付后由会计人员将付款信息录入系统，更改应付款表中的相应内容。

（3）工资管理模块

该模块功能主要是实现人事信息维护、员工请假明细资料维护、打印扣缴凭单、与银行连线的薪资转账作业、人力评估以及人力使用建议、工资统计报表管理以及工资单管理。

（4）总部资金管理模块

该部分功能就是利用电脑自动处理发票、自动产生损益表、资产负债表、成本分析表等报表，使企业对自己的经营业绩进行综合分析，还可以查看任意财务期间的报表。

（5）发票管理模块

对发票的管理就是依据应收应付票据及银行提存款资料，汇总整理出银行账款及票据管控的相关报表，让资金管控合理化。

4.4 智慧财务系统可行性分析

（1）社会可行性分析

企业能够在实践中使用所建立的信息系统，物流服务公司在当前操作环境下能够很好地运行。建立信息系统是指该系统的社会可行性，即组织内外是否具备接收和使用新系统的条件。在组织内部，实施管理信息系统，可能会变动某些管理制度。组织能否承受这些变动或具备怎样的承受能力，尤其是从手工系统转向人机系统，社会可行性的影响更大。在组织内部，管理信息系统运行时，有关部门是否认可和接收已经改变的报表和票证的格式，会对营业额产生巨大影响。

需要物流服务公司的领导者积极参与、全力支持，对中下层员工组织培训，使在改变原先工作性质的同时，减少员工对新技术的惰性或惧怕心理。

（2）经济可行性分析

估计项目的成本和效益，分析项目从经济上来说是否合理就是项目的经济可行性分析。项目不该开发就是指项目不能提供足够的经费研制所需系统、不能带来企业利润的提高或在一定时期内不能回收物流服务公司的资金投入。换句话说，资金的可得性和经济的合理性是经济可行性研究要解决的问题。

资金可得性：项目投资总额包括初始成本和日常维护费用两部分。要证明资金的可得性，首先要通过计算系统的开支，估计系统的成本，得出项目投资总额。初始成本主要为设备用房及辅助设施等不可预见费用；日常维护费用包括系统维护、人员费用、易耗品、内部开销、其他。

经济合理性：要说明经济合理性，需要计算系统带来的收益。效益一般可以分为直接经济效益和间接经济效益。通过节省人员、压缩库存、合理调度等方式使企业效益增加，直接影响企业利润，这些效益通过直接折合成货币的形式，与系统建设和运营过程中的投入费用相对比，就能计算得出投资回收期。但是，在信息系统运行过程中，大部分效益是不能以货币的形式体现出来的，更多的是用间接效益来表现。如果系统投入运行后，对更准确的信息及时反馈，有力地支持管理者的决策，带来更高的工作效率和人员费用的减少，改进了服务，企业形象得以改善，增加了企业的竞争力等。

(3) 技术可行性分析

技术可行性是指物流服务公司提出的要求是否能够满足，所需的物流资源是否可用，以及根据现有的技术条件是否可用。技术条件具体表现为：

硬件：设备的能力，如计算机的硬盘存储量、运算和处理速度及质量是否满足要求，外部设备的功能是否强大、效率是否高、可靠性是否好，通信设备的性能和质量是否满足要求。

系统软件：操作系统提供的接口是否满足需要，如操作系统是否具有实时处理能力，是否能接受系统分时处理响应时间；数据库管理系统是否具备足够的功能；网络软件的性能、程序设计语言的种类和表达能力是否满足需求等。

技术人员：各类技术人员的数量、质量和来源。

5

平台建设内容

目前，上级食堂主管部门对食堂财务监管采取的主要方式有日常现场抽查和年度审计两种，部分区域实施的是财务集中报账制度。这几种方式有各自的优点，如现场了解的情况较为真实，年度审计可以从一年的情况来判断食堂的财务状况，财务集中报账制度便于统一财务管理的标准，但也存在明显不足。

①上级主管部门每次对食堂财务进行监管，需要调用食堂财务的各类凭证，有些需要到各食堂现场实地取证，不仅需要负责凭证的整理、运输，还需要上级主管部门安排专业人员进行分类、查看、审计，耗费的人力、物力、财力比较大。

②数据收集滞后。掌握第一手的食堂经营数据，但这些数据都是根据食堂主管部门要求报送，无法第一时间传送到食堂主管部门，以致食堂主管部门获取的数据都以凭证、报表等形式呈现。而这些数据都是过去发生的数据，缺乏实时性。

③这些数据都是相对孤立的。数据相对独立，无法进行数据比对，也很难进行日常数据的整理、分类与挖掘，不利于管理者和上级管理部门以数据

为支撑进行科学决策。

④这些数据存在不规范、不完整的情况。因为各食堂运营的方式不同，管理规范程度不一样，财务人员对制度的理解存在一定的偏差，这就不可避免地存在食堂财务数据处理时出现数据不规范、不完整的情况。

⑤很难形成多样化的管理报表。在目前食堂财务监管模式下，如果要形成管理报表，需要将数据重新录入、规整，这需要耗费大量的时间和人力、物力。

食堂财务管理的好坏直接影响到食堂整体工作质量、食堂的成本核算与控制、食堂特殊学生饭菜食品安全等，事关学校的和谐稳定和长远发展，关系到主管部门对教育满意度的评价，因此，主管部门必须加强对学校食堂财务的监管。实施食堂财务智慧监管，是防范食堂管理风险的需要。食堂财务信息化监管可以促进学校自我监督，促进管理部门监管机制的落实。系统设计分为以下模块：食堂财务智慧监管系统、区块链业务系统、食堂物料物联网管理系统、食堂财务对接模块、食堂审计对接模块、食堂区块链上链定制开发、食堂财务智慧报表模块、食堂财务智慧监控移动端应用、食堂电子凭证管理模块、食堂财务智慧监管定制开发、食堂供应链管理系统。

5.1 食堂财务智慧监管系统

食堂财务智慧监管信息化系统平台从食堂人员管理、食材管理、餐费管理、成本核算等层面落实食堂财务监管。通过食堂财务智慧监管信息化系统完成各种食堂财务监管信息的收集、查询、统计及报表功能，可以使食堂财务监管更加系统化、规范化和精细化，力争规范食堂财务管理，严格控制食堂财务成本，加强食堂财务的检查与监督等工作，提高食堂监管效率，防范食堂管理风险，促进食堂健康发展。

为实现食堂财务智慧监管系统，从统一标准信息，采集食堂相关数据，规范食堂管理流程等制度规范和技术进行设计和开发。

食堂财务监管信息化包含以下模块：

①食堂基础数据模块。本模块是食堂财务智慧监管信息系统中的食堂原料比价模块，由食材信息、供应商信息、比价基准、人员信息等模块组成。

②食堂管理模块。食堂财务智慧监管信息系统为食堂经营者提供了三个方面的业务处理功能：成本模块、销售模块和库存模块、统计分析模块。成本模块分为食品采购模块、人工成本核算模块和财产成本核算模块；销售模块分为充值信息、就餐人数、销售金额模块；盘点模块提供入库、出库、库存盘店、物料分类、计量单位、物料管理、调拨管理等功能。

③上级主管部门食堂监管模块。食堂财务智慧监管信息化系统通过食堂监管流程的信息化管理，实现自动的有效监管和实时监控。系统除及时向各级食堂监管部门提供准确的业务数据外，还能提供各类分析报表。这些业务数据和数据报表包括食堂营业情况、采购情况、库存情况、经营利润情况、价格情况、成本构成情况等。

④查询及报表模块。查询及报表模块方面，系统提供价格、成本、收支登记、财务等数据的查询、调用等功能。对食堂管理者而言，提供诸如食材进货明细查询、进货价格查询、进货分类统计查询、就餐数据查询、食堂盈亏查询等类别的查询；对食堂监管者而言，除上述提供给食堂的查询外，还提供平均采购价格查询、供应商的供货信息查询、食材采购价格查询、食材采购明细查询等服务。系统也提供最基础的报表，包括进货明细报表、就餐数据报表、成本核算报表等。

食堂财务监管信息系统采用统一标准生成信息，食堂管理人员采用统一标准提供信息，食堂主管采用统一标准处理信息，有效消除数据不一致和数据不完整现象。此外，数据的使用和处理基于统一的数据库，无须二次收集和输入，可以节省管理成本。食堂财务智慧监管信息系统可以不到现场就了解食堂的运营情况，并通过网络收集整理信息。对于一些无法核实的信息，可采取远程比对与现场检查相结合的方式，有效节省人力、物力和财力。食堂财务智慧监管信息系统通过宏观分析与微观分析相结合，对学生就餐、教师就餐等数据进行详细分析，方便食堂管理人员提前制订就餐计划，节约管理成本。

食堂财务情报监管信息系统收集所有食堂相关的数据信息，提供尽可能准确可靠的信息，对这些信息进行分类整理，并向食堂经营者提供相应的分析报告，通过数据分析和数据挖掘，使决策者能够选择最佳的实施方案，改善管理，提高效率，实现实时传输、实时查询和实时预警，以提高企业的经济效益。如将采购后的采购物品、采购数量、采购单价、采购时间等一一列明，可以比较同一时间段相同物品的价格，在做到阳光采购的同时，便于食堂经营管理者选择不同的商家和服务。

规范食堂管理流程，食堂财务智慧监管信息化系统可以实现对食堂整个管理流程的监管。系统流程管理的建立覆盖了食堂经营从食品物资采购计划制订、食堂记账到成本核算的全过程，避免了食堂财务核算流程不规范的问题。同时，各流程和各功能模块采用基于角色的授权方式，不同的管理者分配不同的权限，便于规范食堂管理流程。

综上所述，食堂财务情报监管信息系统为各级食堂经营者和食堂监管人员提供不同内容、不同细节层次的分析报告和分析图表，提供管理和决策所需的完整、及时的数据，缩短了分析和决策的时间，便于各级管理者利用规定的数据关系分析数据，客观预测未来，规范和有效实施管理。

5.2 区块链业务系统

食堂区块链业务系统如图 5 – 1 所示。

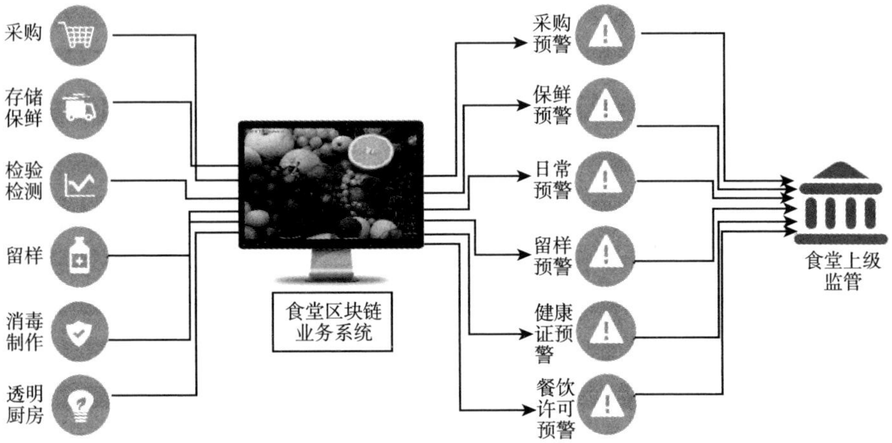

图 5 – 1 食堂区块链业务系统

很多区块链业务系统提供了区块链网络、后台模块和页面展示三大部分功能。

5.2.1 区块链网络

区块链服务提供整个系统的区块链支持，采用 Hyperledger Fabric 架构。

Hyperledger（或 Hyperledger project）旨在促进区块链的跨行业应用。该项目于 2015 年 12 月由 Linux 基金会领导并启动，其成员包括金融、银行、物联网、供应链、制造业和技术产业的领导者。

2015 年 12 月，Linux 基金会宣布推出超级分类账项目。创始成员于 2016 年 2 月宣布。随后在 3 月 29 日，又宣布了 10 名成员和治理委员会。5 月 19 日，Brian 被任命为该项目的执行董事。该项目的最终产出是区块链和分布式会计系统的跨行业开发和协作，重点是性能和可靠性的开发（与类似数字货币的设计相比），以支持主要技术领域的全球商业交易、金融和供应链公司。

5.2.2 后台模块

后台模块是区块链业务系统中的逻辑处理服务，前端所有的功能都在这一层实现。后端服务提供了接口逻辑处理、数据库记录、区块链网络通信三个模块。

后端服务开发采用 NodeJs + Express。

NodeJS 是一个基于 Chrome V8 引擎的 JavaScript 运行环境。Node. js 使用事件驱动的非阻塞 I/O 模型。Node 是一个开发平台，允许 JavaScript 在服务器端运行。它使 JavaScript 成为与 PHP、python、Perl、Ruby 和其他服务器端语言同等重要的脚本语言。它于 2009 年 5 月发布，由 Ryan Dahl 开发。本质上，它封装了 Chrome V8 引擎。

Node 优化了一些特殊用例，并提供了替代 API，使 V8 在非浏览器环境中运行得更好。V8 引擎执行 JavaScript 非常快，性能非常好。Node 是一个基于 chrome JavaScript 运行时的平台，用于轻松构建快速响应和易于扩展的网络应用程序。通过使用事件驱动和非阻塞 I/O 模型，节点是轻量级和高效的。它非常适合在分布式设备上运行数据密集型实时应用程序。

V8 引擎本身使用了一些最新的编译技术，这大大提高了用 JavaScript 等脚本语言编写的代码的运行速度，并节省了开发成本。要求高的性能是节点性能的关键因素。JavaScript 是一种事件驱动语言，Node 利用这一优势编写了一个高度可伸缩的服务器。节点采用了一种称为“事件循环”的体系结构，这使得编写高度可扩展的服务器变得简单而安全，有许多技术可以提高服务器性能。Node 选择可以提高性能和降低开发复杂性的体系结构，这是一个非常重要的特性，并发编程通常是复杂的，需要挖掘。

Node 采用一系列“非阻塞”库来支持事件循环的方式。本质上，它为文件系统和数据库等资源提供接口。向文件系统发送请求时，无须等待硬盘（寻址和检索文件）。当硬盘准备就绪时，非阻塞接口将通知节点。该模型以一种可扩展的方式简化了对慢速资源的访问，这种方式直观且易于理解。特别是对于熟悉 DOM 事件（例如 OnMouseOver 和 OnCLick）的用户，有一种似曾相识的感觉。

虽然在服务器端运行 JavaScript 并不是 Node 独有的，但它是 Node 强大的功能。我们必须承认，浏览器环境限制了我们选择编程语言的自由，任何在服务器和日益复杂的浏览器客户端应用程序之间共享代码的愿望都只能通过 JavaScript 实现。尽管还有其他平台支持在服务器端运行 JavaScript，但 Node 已经快速发展，并且由于上述特点而成为事实上的平台。

在节点启动后的短时间内，社区提供了大量扩展库（模块）。它们中的许多都是连接数据库或其他软件的驱动程序，但许多都是由它们的优势组成的非常有用的软件。

Express 是一个简单而灵活的 Node JS web 应用程序框架，它提供了一系列强大的功能来帮助您创建各种 Web 应用程序。Express 不会重新抽象节点的现有功能。我们只是在 JS 上扩展 Web 应用程序所需的功能。Connect 框架中丰富的 HTTP 工具和中间件可按需提供，使创建健壮友好的 API 既快捷又方便。

Express 是一个简洁而灵活的 Node. js Web 应用框架，提供了一系列强大特性帮助你创建各种 Web 应用和丰富的 HTTP 工具。

使用 Express 可以快速地搭建一个完整功能的网站。

Express 框架核心特性：

①可以设置中间件来响应 HTTP 请求。

②定义了路由表用于执行不同的 HTTP 请求动作。

③可以通过向模板传递参数来动态渲染 HTML 页面。

5.2.3 页面展示

前端页面采用 Vue 进行开发。

Vue 是一个轻巧、高性能、可组件化的 MVVM 库，同时拥有非常容易上手的 API。

Vue 作为视图层的框架，拥有很多优势：

（1）轻量级框架

只关注视图层，是一个构建数据的视图集合，大小只有几十 kb。

Vue. js 通过简洁的 API 提供高效的数据绑定和灵活的组件系统。

（2）双向数据绑定

也就是所谓的响应式数据绑定。此处的响应布局不是@ media media query 中的响应布局，而是意味着 Vue. js 将自动同步响应页面中的某些数据更改。

换句话说，Vue. js 将根据用户在代码中预先编写的绑定关系，自动响应数据更改，修改所有绑定数据并查看内容。这个绑定关系是用输入标记的 V – model 属性声明的。因此，您可能会看到，有些人粗略地将 Vue. js 称为其他地方用于声明式渲染的模板引擎。

这是 Vue. js 的最大优势。它通过 MVVM 的思想实现了数据的双向绑定，使开发人员不再需要操作 DOM 对象，有更多的时间思考业务逻辑。

（3）组件化

在前端应用程序中，我们可以像编程一样打包模块吗？本文介绍了组件开发的思想。

Vue. js 通过组件将单个页面应用程序中的各个模块拆分为单个组件。我们只需要在父应用程序中写入各种组件标签（pit 占用），并在组件标签中写入要传递到组件中的参数（就像将参数传递到函数中一样，此参数称为组件属性），然后写入各种组件的实现（pit 填充），然后整个应用程序就完成了。

（4）视图、数据、结构分离

它不需要修改逻辑代码就可以方便地更改数据，只需操作数据即可完成相关操作。

（5）虚拟 DOM

现在网络速度越来越快。许多人拥有几十米甚至数百米的光纤，手机也开始使用 4G。根本原因是一个网页只有几百 K，而浏览器本身将缓存许多资源文件。为什么打开以前打开过并缓存过的页面会感觉非常慢？这是因为浏览器本身在处理 DOM 时存在性能瓶颈。特别是在传统开发中，当 DOM 经常使用 JQuery 或本机 JavaScript DOM 操作函数进行操作时，浏览器会不断呈现新的 DOM 树，导致页面看起来非常容易卡住。

Virtual DOM 是虚拟 DOM 的英文。简而言之，它是一种虚拟 DOM，可以通过 JavaScript 预先执行各种计算，计算并优化最终的 DOM 操作。由于此 DOM 操作属于预处理操作，没有真正的 DOM 操作，因此称为虚拟 DOM。最后，DOM 操作实际上是在计算之后提交的，并且 DOM 操作的更改会反映在 DOM 树上。

（6）运行速度更快

与 react 相比，Vue 操作虚拟 DOM，在性能方面，Vue 具有很大的优势。

5.2.4 区块链用户管理

区块链用户管理提供登录注册功能，用户能够自由地登录和注册系统账户，注册账户必须采用真实的邮箱来进行注册，用户注册之后，管理员会对用户的注册信息进行审核，同时给出审核结果。

区块链用户管理将用户分为管理员用户和普通用户两种角色，管理员拥有管理权限，普通用户对区块链业务系统拥有使用权。

用户，应用系统的具体操作者，通俗来说就是使用软件的人，使用系统的人应该用权限来分配他们能够操作的内容。

权限，决定用户在使用系统时能否操作某些功能，如果有权限则可以进行操作，没有则不能。

角色，可以理解为权限的合集。我们在使用的时候通常把角色看作是用户的一个属性，用它来实现用户的分类。

具体使用方法是在创建角色之后给对应的角色分配权限，再将用户与角色关联，用以管理用户权限。不必再给每个用户单独分配权限，只需管理角色权限即可实现管理用户权限。若用户职位有变动，只需要改变他的角色属性就可以改变他的功能权限。

5.2.5 区块链首页设计

首页是区块链业务系统的入口，提供了网络模块、频道模块、节点模块、智能合约模块、站内信通知模块和审批模块六大模块。

首页在设计上注重性能和便捷性，导航栏最先调入，以便用户快速前往所需信息空间。页面长度适中，使得用户在信息空间内可迅速移动，导航设计方向一致。支持导航的层次按钮从上到下或从左到右布局，根据用户习惯可以自由配置。

5.2.6 区块链网络管理模块

区块链网络基于 Hyperledger Fabric 联盟链技术。

Hyperledger Fabric 作为超级账本的项目之一，目前基于其开发的区块链项目非常多。但是，应该注意的是，Hyperledger Fabric 是一个联盟链开发平台，与流行的公共链平台（如以太网和 EOS）大不相同。Hyperledger Fabric 的中心化程度更高，并且链只限于联盟内的成员使用，但 Hyperledger Fabric 相对容易达到更高的性能。

区块链网络最大 TPS 大于等于 10000，延时小于等于 300ms。

支持国密算法：签名算法 SM2，摘要算法 SM3，分组对称加密算法 SM4。

支持国际主流加密算法：签名算法 ECDSA/ED25519/RSA，摘要算法 SHA256/SHA384，分组对称加密算法 3DES/AES128/AES256。

支持 ChinaTLS1.2/1.3 安全通信标准，支持国密；以可插拔方式同时支持国密算法和国际主流加密算法标准。

支持网络共识节点性能监控。

（1）算法介绍

国密即国家密码局认定的国产密码算法，主要有 SM1，SM2，SM3，SM4。密钥长度和分组长度均为 128 位。

SM1：对称加密。其加密强度与 AES 相当。该算法不是公开的。调用算法时，需要通过加密芯片的接口调用。

SM2：基于 ECC 的非对称加密。算法已经发布。由于该算法基于椭圆曲线密码体制，其签名速度和密钥生成速度均快于 RSA 算法。ECC 256 位（SM2 采用 ECC 256 位之一）比 RSA 2048 位具有更高的安全强度，但运算速度比 RSA 快。

SM3：消息摘要。MD5 可以用作比较理解。算法已经发布。验证结果为 256 位。

SM4：无线局域网标准分组数据算法。对称加密、密钥长度和数据包长度为 128 位。

ECDSA：ECDSA 是 Elliptic Curve Digital Signature Algorithm 的简称，主要用于对数据（比如一个文件）创建数字签名，以便于在不破坏它的安全性的前提下对它的真实性进行验证。可以将它想象成一个实际的签名，可以识别部分人的签名，但是无法在别人不知道的情况下伪造它。而 ECDSA 签名和真实签名的区别在于，伪造 ECDSA 签名是根本不可能的。ECDSA 不会对数据进行加密、或阻止别人看到或访问数据，它可以防止的是确保数据没有被篡改。ECDSA 当中有两个词需要注意：Curve（曲线）和 Algorithm（算法），这意味着 ECDSA 基本上是基于数学的。原理非常简单，有一个数学方程，在图上画了一条曲线，然后你在这条曲线上面随机选取了一个点作为你的原点（Point of origin）。接着你产生了一个随机数，作为你的私钥（Private key），最后你用上面的随机数和原点通过一些复杂的魔法数学方程得到该条曲线上面的第二个点，这是你的公钥（Public key）。

Ed25519：Ed25519 是一种 EdDSA 算法和数字签名机制，在扭曲的 Edwards 曲线上使用 Schnorr 机制实现。它具有速度快，密钥较短，安全性高等优点。椭圆曲线密码学（ECC）是基于离散对数问题中的椭圆曲线而设计的。现行的 ECC 算法多用于替代 RSA 算法，以提升原始算法的安全性能。相比较 RSA 而言，ECC 的安全性能较高，密钥长度较短，然而实现难度较大。基于 ECC 算法的数字签名算法称为 ECDSA 算法。NIST 批准的曲线很多，如 secp256r（1），secp256k1 等，Eddsa 在某种意义上也属于椭圆曲线密码。不同之处在于它使用了扭曲的 Edwards 曲线作为椭圆曲线，签名机制也不同于 ECDSA 算法。Ed25519 是 Eddsa 的一个重要实现，是 Daniel

J. Bernstein 等人充分披露了所采用的曲线参数，并解释了参数选择的意义，以确保曲线中没有内置后门。同时 Ed25519 采用 Schnorr 机制作为签名的构建方式，使签名与验证的性能得到了巨大的提升。

RSA：RSA 是应用最广泛的公钥密码体制之一。它由罗恩·里维斯特、阿迪·沙米尔和莱纳德·阿德尔曼于 1977 年提出。他们三人都在麻省理工学院工作。RSA 是由他们姓氏的首字母组成。RSA 算法的安全性是基于 RSA 问题的难度，即基于大整数分解的难度。然而，RSA 问题并不比因子分解问题更难，也就是说，RSA 问题可以在不解决因子分解问题的情况下得到解决。因此，RSA 算法并不是完全基于大整数分解的困难。

Sha：安全哈希算法是一种可以计算与数字消息相对应的固定长度字符串（也称为消息摘要）的算法。如果输入消息不同，它们很可能对应不同的字符串。SHA－256 的最大计算明文长度为 2^{64} 位，属于分组算法。分组长度为 512bit，生成的信息摘要长度为 256bit。SHA－256 算法是一种加密哈希算法。原则上，明文不能从密文中派生出来。SHA－384 的最大计算明文长度为 2^{128} 位，属于分组算法。分组长度为 1024bit，生成的信息汇总长度为 384bit。SHA－384 算法是一种加密哈希算法。原则上，明文不能从密文中派生出来。

AES：该标准用于取代原来的 DES（数据加密标准），该标准已被多方分析并在世界各地广泛使用。经过五年的筛选过程，国家标准与技术研究所（NIST）于 2001 年 11 月 26 日在 FIPS pub 197 发布了高级加密标准，并于 2002 年 5 月 26 日成为有效标准。2006 年，高级加密标准已成为对称密钥加密中最流行的算法之一。该算法由比利时密码学家琼·达曼和文森特·里杰门设计。结合两位作者的姓名，并以 rijdael 的名义命名，它为高级加密标准的选择过程做出了贡献。

（2）网络成员管理

本次项目提供网络信息检索功能。用户在查看过多的网络列表会有很大的不方便，本次项目支持网络信息的检索功能，方便用户查询网络。根据实际情况，将提供多个维度进行检索，通过对每个维度的模糊匹配，精确地找到用户需要查看的网络信息，提供用户的工作效率，将更多精力放在工作中而非查找信息。

本次项目提供网络参与组织的基本信息管理功能。系统提供网络参与组织的基本信息展示，从网络 ID、共识机制、共识节点数、创建者、创建时间、启用时间、邮箱、上次修改时间、网络状态、网络描述多个角度展示信息。同时还可以看到每个组织的信息，展示组织名称、组织所写、用户邮箱、参与网络时间以及使用的节点。

本次项目提供网络参与组织的创建功能。用户可以创建组织，以组织的形式参与区块链网络，完成自己的业务需求。

本次项目提供网络参与组织的成员信息管理功能。提供展示页面，展示网络参与组织的成员信息，展示多个字段，用户能够清晰地看到组织的名称、绑定的用户等信息。

本次项目提供网络参与组织的成员添加功能，用户可以是网络增加自身组织的成员。

本次项目提供网络参与组织的成员检索功能。提供了检索功能，可以用来对网络参与组织的成员进行检索。

（3）网络创建管理

本次项目提供申请创建网络功能。为系统创建网络是核心功能，提供了申请创建网络功能，用户可以向管理员提出申请来创建网络。

本次项目提供管理员审批“创建网络”功能。管理员可以根据实际情况给审核用户提出的网络创建申请，给出同意和拒绝两种审批意见。

（4）网络参与组织管理

本次项目提供邀请网络成员组织功能。网络的创建，还有重要的一步就是邀请其他组织加入，本次项目提供邀请其他组织加入网络的功能。

本次项目提供被邀请网络成员组织同意参与组网功能。收到网络邀请的组织有权利选择是否加入该网络。

（5）网络证书模块

本次项目提供网络证书管理模块。此次项目使用了超级账本中提供的 CA 服务作为网络证书管理节点，为整个系统提供网络证书管理服务。

（6）超级账本 CA 节点

Fabric 提供内置 CA 组件，允许您在区块链网络中创建 CA。此组件称为 Fabric CA，是一个私有根 CA 提供程序，可以以 X. 509 证书的形式管理 Fabric 参与者的数字身份。由于 Fabric CA 是满足 Fabric 的根 CA 要求的自定义 CA，因此它本身无法提供 SSL 证书，以便在浏览器中定期或自动使用。但是，由于某些 CA 必须用于管理身份（即使在测试环境中），所以结构 CA 可用于提供和管理证书。使用公共或商业根 CA 或中间 CA 来提供标识也是完全合适的。

图 5－2 体现了 fabric－CA 在区块链中的位置。

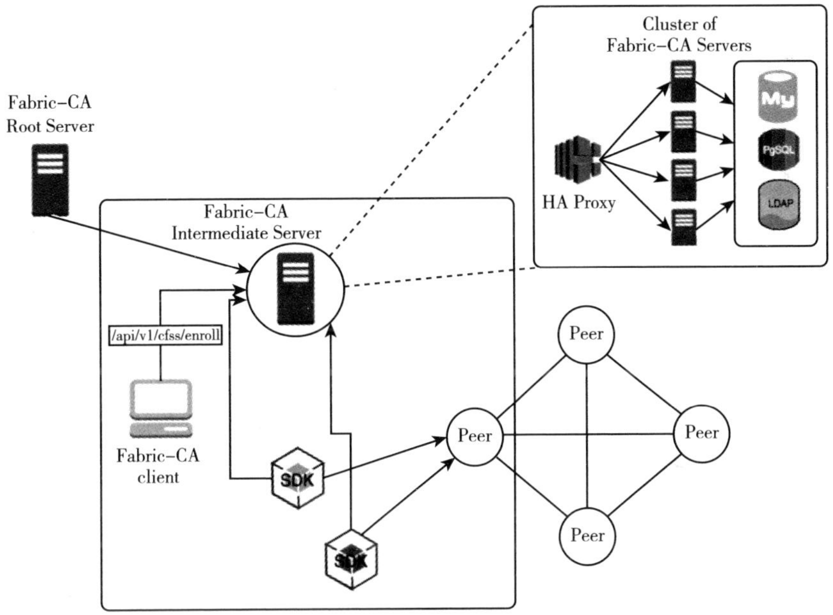

图 5－2 fabric－CA 在区块链中的位置

（7）证书发放与管理

本次项目提供网络参与组织的 CA 证书申请功能。组织可以从权威机构申请自己的 CA 证书，启用自己的 CA 节点，然后在自己的节点上申请 CA 证书。

本次项目提供网络参与组织的 CA 证书签发功能。当用户需要 CA 证书的时候，可以从自己的根 CA 节点去签发自己的 CA 证书。

本次项目提供网络参与组织的 CA 证书有效性验证功能。用户可以在自己的 CA 服务上验证 CA 证书和 admin 证书是否有效。

本次项目提供网络参与组织的 CA 证书更新功能。如果当前使用的 CA 证书无效，或者无法安全地使用，CA 提供重新申请签发证书功能，可以使用该功能更新自己的证书。

本次项目提供组织成员 CA 证书申请功能。组织成员在需要证书的时候，用户可以在自己的 CA 服务上去申请所需要的证书。

本次项目提供组织成员 CA 证书签发功能。组织成员在需要证书的时候，用户可以在自己的 CA 服务上去签发所需要的证书。

本次项目提供组织成员 CA 证书有效性验证功能。当组织成员需要使用 CA 证书的时候，应该在自己的 CA 服务上去验证当前使用的证书是否有效。

本次项目提供组织成员 CA 证书更新功能。如果组织成员当前使用的 CA 证书无效，或者无法安全的使用，CA 提供重新申请签发证书功能，可以使用该功能更新自己的证书。使成员能够正常的参与区块链网络。

本次项目提供 CA 证书国密算法支持且可配置化功能。用户启用 CA 节点之前，可以配置自己的 CA 节点是否使用国密算法。

（8）节点模块

Hyperledger Peer：区块链网络主要由 Peer 节点（或者简单称之为 Peer）组成。Peer 是网络的基本元素，因为它们存储了账本和智能合约（见图 5 – 3）。

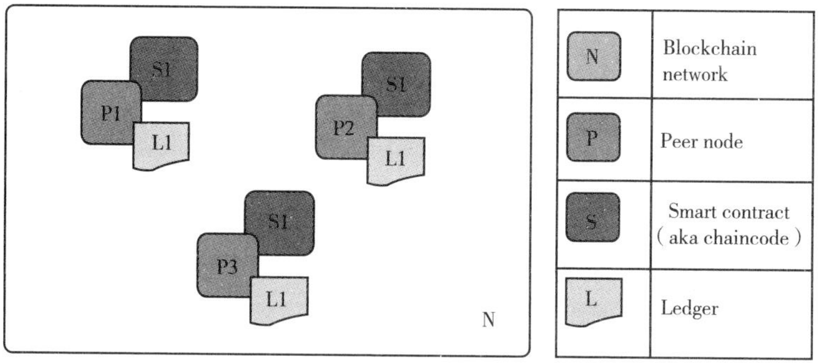

图 5 – 3 区块链网络节点

区块链网络由对等节点组成，每个节点保留一份分类账和智能合约的副本。在此示例中，网络 N 由节点 P（1）P2 和 P3 组成，并且每个节点维护自己的分布式账本 L1。P（1）P2 和 P3 使用相同的链码 S1 访问其分布式账本的副本。

Peer 节点可以被创建、启动、停止、重新配置甚至删除。它们暴露了一系列的 API，这就可以让管理者和应用程序同这些 API 提供的服务互动。

Peer 节点支持动态配置数据库，包括 Tidb、CouchDB。

Tidb 是面向在线事务处理/在线分析处理（HTAP）的聚合数据库产品。它实现了一键水平可扩展性、强一致性、多拷贝数据安全性、分布式事务、实时 OLAP 等重要特性。同时兼容 MySQL 协议和生态，迁移便捷，运维成本极低。

Tidb 支持水平弹性膨胀。随着数据的增长，分布式 Tidb 可以无缝地水平扩展。您只需添加更多的机器即可满足业务增长的需要。应用层不能关心存储容量和吞吐量。Tidb 根据存储、网络、距离和其他因素动态调整负载平衡，以确保更好的读写性能。

它支持故障自恢复和远程多活动。Tidb 使用多个拷贝进行数据存储，并依靠业界最先进的 raft 多数选举算法确保数据的 100% 强一致性和高可用性。副本可以跨区域部署在不同的数据中心。当主副本出现故障时，它将自动切换，无须手动干预，自动确保业务连续性，并在不同的位置实现真正的多活动。

对于支持一致性的分布式事物，可以将 Tidb 想象为单个 RDBMS。Acid 事务可以在多个节点之间执行，而无须担心一致性。Tidb 不会干扰业务，它是传统数据库中间件、数据库子数据库和子表的优雅替代品。

与 MySQL 高度兼容。Tidb 的通信协议与 MySQL 高度兼容。您可以轻松地将 MySQL 替换为 Tidb 来支持您的业务，就像使用独立数据库一样，无须修改代码。MySQL 客户端管理工具和社区中所有周边工具都可以直接访问，大大降低了学习和使用成本。在大数据量下的复杂查询方面，Tidb 比 MySQL 具有绝对的性能优势。

ApacheCouchDB 是一个面向文档的数据库管理系统。它提供了一个 rest 接口，使用 JSON 作为操作它的数据格式，并且可以通过视图操作文档的组织和表示。CouchDB 是 Apache 基金会的顶级开源项目。

与流行的关系数据库服务器不同，CouchDB 是围绕一系列语义上自包含的文档组织的。CouchDB 中的文档没有模式自由，也就是说，文档不需要有特定的结构。与传统的关系数据库相比，CouchDB 有其自身的应用范围。一般来说，围绕文档构建的应用程序更适合使用 CouchDB 作为其后台存储。CouchDB 强调其中所存储的文档，在语义上是自包含的。这种面向文档的设计思想更接近于许多应用中问题领域的实际情况。对于此类应用程序，使用 CouchDB 文档进行建模将更加自然和简单。同时，CouchDB 还提供了基于 MapReduce 编程模型的视图来查询文档，可以提供类似关系数据库中 SQL 语句的能力。CouchDB 对于很多应用来说，提供了关系数据库之外的更好的选择。

节点生成：我方为本次项目提供添加网络节点功能。用户可以根据实际情况添加自己的 Peer 节点。

（9）Hyperledger Fabric 频道管理

本次项目提供频道模块，用来支持频道创建。

通常，区块链网络的子链基本上由“1 个渠道 +1 个分类账 + n 个成员”组成。

通道是两个或多个特定网络成员之间通信的专用“子网”，用于需要数据保密的事务。在 Fabric 中，建立通道相当于建立子链。

创建渠道是为了限制信息传播的范围，并与账簿相关联，每个事务都与一个唯一的通道相关联，这将明确定义哪些实体（组织及其成员）将关注交易。

- **功能实现**

本次项目提供频道创建功能。组织加入网络之后，可以创建频道，创建频道可以将其他组织预先加入到创建的频道，当其他组织同意或者拒绝之后，频道就可以被创建者启动。

本次项目提供受邀组织同意加入频道功能。创建频道或者频道管理的时候可以邀请其他组织加入频道，受邀组织可以同意或者拒绝加入频道。

本次项目提供频道检索查询功能。用户在查看过多的频道列表会有很大的不方便，本次项目支持频道信息的检索功能，方便用户查询网络。

根据实际情况，将提供多个维度进行检索，通过对每个维度的模糊匹配，精确地找到用户需要查看的网络信息，提供用户的工作效率，将更多精力放在工作中而非查找信息。

本次项目提供频道移除组织功能。在频道中的所有组织因可以发起移除组织的投票，所有的组织都有投票权，投票结果将决定组织能否继续留在频道中。

- **智能合约开发**

本次项目提供智能合约模块，可以安装多种语言的智能合约。链码，即智能合约，一般是指开发者用 go 语言（也支持 Java 等语言）编写的应用代码，提供分布式账本的状态处理逻辑。智能合约部署在 Fabric 的网络节点中，可以在具有安全特性的受保护 docker 容器中独立运行。它通过 grpc 协议与相应的对等节点通信，以操作（初始化或管理）分布式账本中的数据，可以根据不同的需求开发出不同的、复杂的应用。

- **安装、部署与卸载**

本次项目提供安装智能合约功能。用户可以在自己的节点上安装智能合约，安装的智能合约支持 java、node、go 三种类型。

本次项目提供上传部署智能合约功能。用户安装智能合约之后，可以在加入频道的节点上部署智能合约。

卸载智能合约功能。在某个合约不想被使用或者合约已经无用，可以卸载智能合约。

- **跨系统可信数据共享节点组**

本次项目提供跨系统可信数据共享节点组网功能以及对应智能合约的开发。

- **合约开发**

本次项目提供全部场景下智能合约的开发。

区块账本数据存储查询：根据节点数据配置的不同，我方提供多种区块账本查询方式，包括 sql 查询和 KV 键值查询。上线部署和培训：提供上线部署服务，并负责培训客户相关人员了解和熟悉该工作，保证之后的维护工作可以顺利进行。要求基于 Hyperledger Fabric 技术改造的区块链系统，区块链底层平台不可以直接使用国外已知的开源框架，国外已知的开源框架包括但不限于 Fabric、Quorum、Corda 等。必须是联盟链，多方共管和共同参与，并拥有完善的联盟身份管理认证机制，且支持现有的主流联盟链。

支持区块链项目完整生命周期（开发、部署、运维）的管理和操作，有效降低区块链网络部署维护，减少网络底层繁杂的操作。支持区块链网络及网络节点性能监控。支持区块链最大 TPS≥10000，延时≤300ms。支持包括 kafka 和 raft 在内的两种以上的高效共识算法。平台应提供图形化的区块链管理及监控平台，支持用户授权管理，支持高并发能力，支持智能合约定制开发和自动验证提交，方便应用系统的对接，保证了区块链交易的安全性和隐私性。

平台应支持可以插拔方式或配置同时支持国密算法和国际主流加密算法标准。

①支持国密算法：支持签名算法 SM2，摘要算法 SM3，分组对称加密算法 SM4；支持国密 ChinaTLS1.2/1.3 安全通信标准。

②支持国际主流加密算法：签名算法 ECDSA/ED25519/RSA，摘要算法 SHA256/SHA384，分组对称加密算法 3DES/AES128/AES256。

③支持 CA 证书管理，CA 证书支持国密，用户可以配置是否使用国密算法。

④支持多种关系型数据库，支持 sql 开发方式和支持 sql 高效复杂查询。

⑤支持大文本数据上链，支持音视频数据上链。

⑥支持存证、验真、追溯、加密、数字资产安全等的底层应用，支持链式多级多层流转承诺，支持通过区块链进行多级拆分流转完成存证、验真和追溯等服务。

5.3 食堂物料物联网管理系统

应采用先进的物联网技术来高效地管理食堂物料。投标方应提供切实可行的物联网食堂物料管理方案，在各个环节提供高效的辅助监管支持，使之与采购计划能够相互验证，从而避免食堂物料不应有的损耗或盗失。需对接食堂物料总数量共计超过 1000 种。

物联网是指无处不在的终端设备和设施，包括具有“内部智能”的传感器、移动终端、工业系统、数控系统、家庭智能设施、视频监控系统等和“外部智能器”，如“智能物体或动物”或“智能灰尘”，如随身携带无线终端、有 RFID 的各种个人资产，通过有线、无线、长距离、短距离通信网络，实现应用集成与互联（M2M），基于云计算等模式的 SaaS 运营，提供可控、安全甚至个性化的实时调度指挥、远程控制、在线升级、在线监测、报警联动、定位跟踪、安全防范、远程维护、计划管理、统计报表决策支持等服务与管理功能，实现“万物”的“管理、控制、运行”与“高效、节能、安全、环保”的一体化。

在每次采购过程中，使用物联网技术连锁和存储机票、供应商资质、检验检疫报告、链接负责人签名表等。对无票、供应商资质逾期、检验检疫报告缺失、责任人未签字等采购混乱情况进行自动预警，规范食品原料采购流程，责任到人（见图 5－4）。

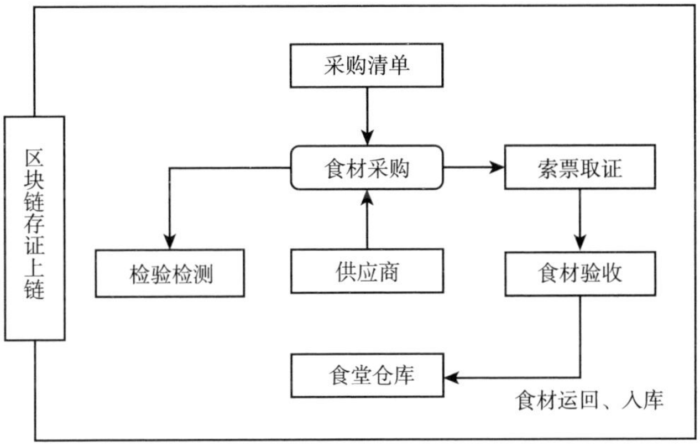

图 5－4 食堂采购流程

所有食品物料的入库均采用条形码管理，设置了储存时间和储存条件，对储存时间过长、即将到期、储存条件异常的食品物料进行预警。在出站链接中，扫描仪扫描用于提醒和预警过期食品材料（见图 5－5）。

在食品加工和烹饪的各个环节中，都使用了站机和摄像头来采集数据。如果不遵守工艺和规定的程序，系统将进行预警并记录整个过程，从而实现食品加工生产的标准化（见图 5－6）。

对仓库区域、烹饪室、消毒室、餐饮室、餐厅、监控中心等区域进行实时监控、视频采集和视频管理。监管部门和家长可以根据权限对其进行访问和查看，并进行实时动态监管。

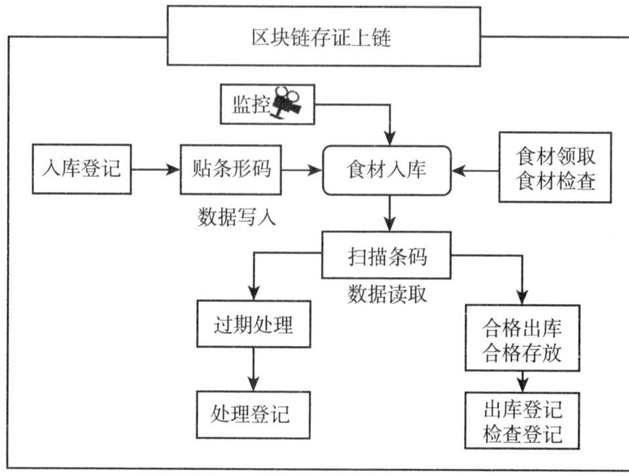

图 5-5 区块链存证上链步骤流程图

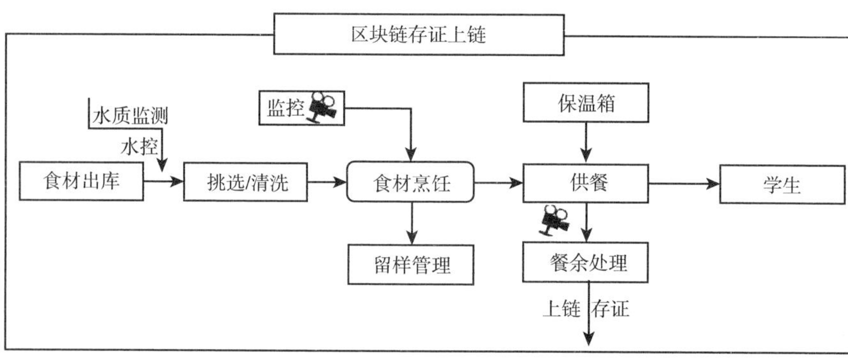

图 5-6 区块链存证上链业务流程图

管理食堂供应商、承包商、摊位人员和负责人的资质证书，根据有效期、资质要求和条件进行审核和记录，对过期证书和异常证书进行预警。

5.4 食堂财务对接模块

食堂信息各个环节都涉及财务接口的对接，通过开发适配财务流转环节的接口，按数据旁路或定期抽取的方式，获取到食堂财务数据，并根据财务系统的要求，在食堂供应链以及相关系统中采集财务和财务相关的数据，向财务系统提供所需数据输出（见图 5-7）。

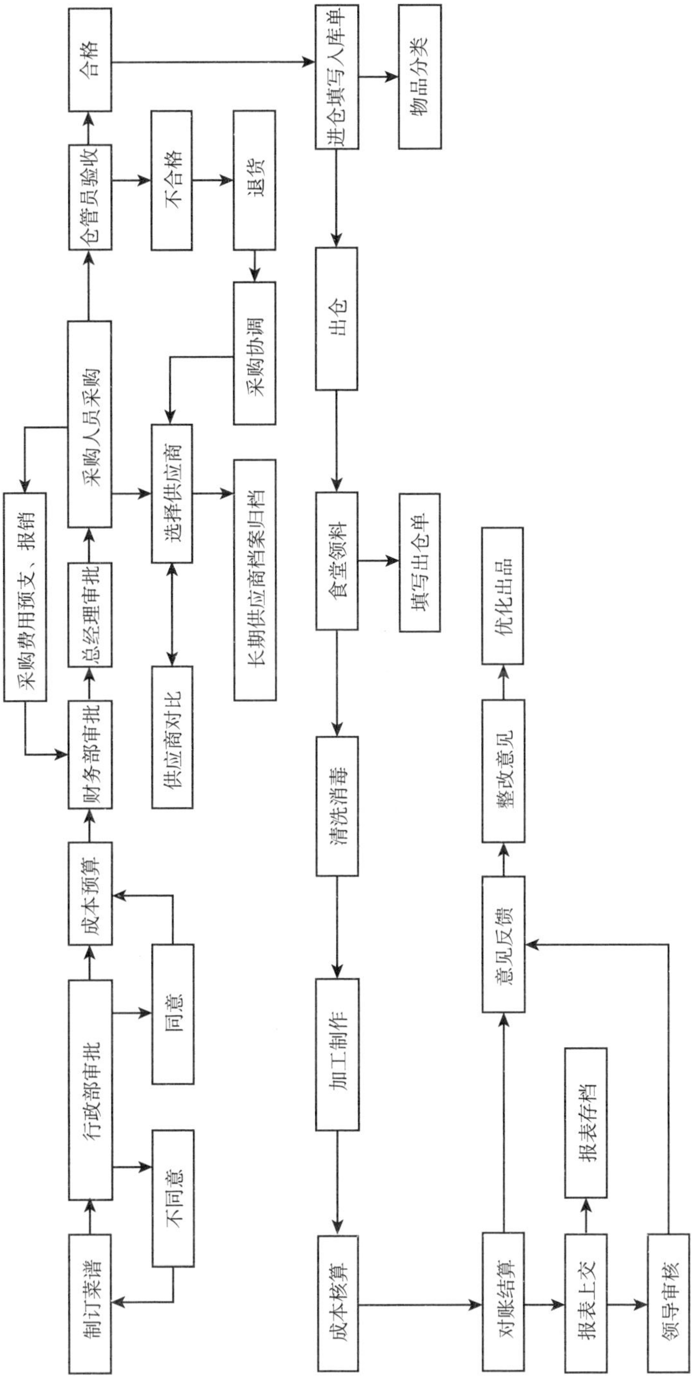

图5-7 食堂财务对接模块

（1）对接方式

系统与外部系统的对接方式以 Web Service 方式进行。

系统接口标准：系统采用 SOA 架构，通过服务总线技术实现业务子系统与外部业务系统之间的数据交换、信息共享和集成。因此，SOA 系统标准是我们采用的核心接口标准。

（2）接口规范性设计

智慧采购系统平台中有许多数据接口和复杂的数据依赖关系。数据通过接口进行调用和交换需要设计统一规范的接口模型。数据接口模型除了要符合本项目通用的接口规范标准与数据标准，实现规范的接口开发的功能外，还需要从数据安全、接口管理、访问效率、完整性管理等方面设计相关规范，满足相关的性能和可伸缩性。

（3）接口定义约定

客户端和系统平台之间以及系统平台之间的接口消息协议由基于 HTTP 协议的 rest 风格接口实现（见图 5－8）。

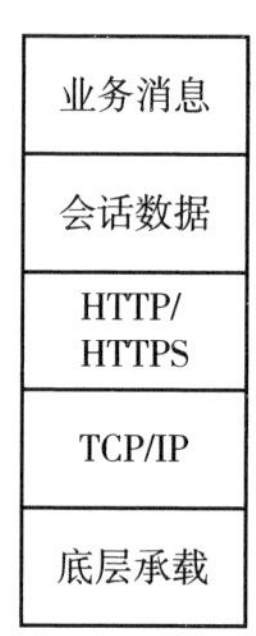

图 5－8 HTTP 传输协议

系统以 HTTP 协议传输的应用数据采用 JSON 数据格式，具有自解释、自包含的特点。通信数据包的编码和解码是通过配置数据对象序列化和反序列化的实现组件来实现的。

接口协议包含接口的版本信息，通过协议版本约束服务功能规范，支持服务平台间接口协作的升级和扩展。一个服务提供商可以通过版本差异同时支持多个版本的客户端，使组件服务提供商和用户能够根据实际需要独立演进，降低系统升级的复杂性，保证系统具有灵活扩展和持续演进的能力。

（4）业务消息约定

请求消息 URI 中的参数采用 UTF-8 编码并经过 URLEncode 编码。

请求接口 URL 格式：{http | https}://{host}:{port}/{app name}/{business component name}/{action}；其中：

√ 协议：HTTP REST 形式接口；

√ Host 是通信服务的 IP 地址，通常称作域名；

√ Port 是通信服务的端口；

√ app name 是通信服务部署应用名称；

√ business component name 是指业务组件；

√ action：接口名称，该名字可配置，支持业务操作请求。

应答的消息体采用 JSON 数据格式编码，字符编码采用 UTF-8。

响应消息的根节点是“response”，每个响应包含两个固定属性节点：“status”和“message”。它们分别表示操作的返回值和返回消息描述。同一级别的其他子节点是业务返回对象属性。根据不同的业务类型，它们具有不同的属性名称。

当客户端支持数据压缩传输时，需要在请求消息头的“接受编码”字段中指定压缩方法（gzip）。如果消息可以压缩和传输，平台将压缩响应数据消息，并将其作为响应数据返回，内容长度为压缩数据长度。

（5）响应码规则约定

响应结果代码位于响应消息的“状态”属性中，相应的解释信息位于响应消息的“消息”属性中。最终用户可以读取解释消息。终端应用程序不需要解析，可以直接呈现给最终用户。响应结果代码是一个 6 位数字字符串。根据响应类型，包括以下类型的响应代码（见表 5-1）。

表 5-1　响应码对应表

响应码	描述
0	成功
1	系统错误
2	输入参数不合法错误
3	应用级返回码，定义应用级的异常返回
4	正常的应用级返回码，定义特定场景的应用级返回说明

（6）数据管理

业务数据检查：接口应提供业务数据检查功能，即检查接收数据的合法性，拒绝接收非法数据和错误数据，以防止外来数据的非法入侵，降低应用支持平台系统主机的处理负载。对于接口，业务数据检查的主要内容如下：

数据格式的合法性：如接收非预期格式的数据，包括接收到的数据长度、类型、开始和结束标志等。数据源的合法性：例如从未经授权的接口接收数据。服务类型的合法性：例如接收接口指定的服务类型之外的访问请求。

对于业务数据检查中解析的非法数据，应提供以下处理方法。事件报警：在异常情况下自动报警，以便系统管理员及时处理。分析原因：当异常发生时，可以自动分析错误原因。如果数据源非法、业务类型非法，则在本地记录，并进行后续管理。如果数据格式不合法，分析网络传输或端到端数据处理的原因并进行相应处理。统计分析：定期对所有非法记录进行统计分析，分析各种非法数据来源是否恶意，并进行相应处理。

数据压缩/解压：接口应根据具体要求提供数据压缩/解压缩功能，以降低网络传输压力，提高传输效率，使整个系统能够快速响应并发请求，高效运行。使用数据压缩/解压缩功能时，传输过程、处理过程、传输的网络媒体、处理的主机系统和并发性，应具体分析每种类型服务的峰值和与所有服务的比例关系，以确定该类型服务是否需要压缩/解压缩处理。对于传输文件的服务，必须对其进行压缩和传输，以降低网络压力，提高传输速度。接口中使用的压缩工具必须基于通用无损压缩技术，压缩算法的模型和编码必须符合标准且高效，压缩算法的工具功能必须是面向流的功能，并提供验证和检查功能。

（7）完整性管理

根据业务处理和接口服务的特点，应用系统的业务主要是实时请求业务和批量传输业务。两类业务的特点分别如下：

实时请求业务：

①采用基于事务处理机制实现；

②业务传输以数据包的方式进行；

③对传输和处理的实时性要求很高；

④对数据的一致性和完整性有很高的要求；

⑤应保证高效地处理大量并发的请求。

批量传输业务：

①业务传输主要是数据文件的形式；

②业务接收点可并发处理大量传输，可适应高峰期的传输和处理；

③要求传输的可靠性高。

根据上述特点，完整性管理对于实时交易业务，要保证交易的完整性；对于批量传输业务，要保证数据传输的完整性。

（8）异常处理

为生成异常的记录生成异常记录文件。对于可以回收的异常记录进行自动或手动回收。记录异常事件日志，包括异常类别、发生时间、异常描述等，当接口异常调用时，将按照预先配置的规则处理相关异常并自动报警。

（9）接口的可扩展性规划与设计

系统可根据接口请求中包含的接口协议版本实现接口的向下兼容。系统平台可以根据系统集群策略按照协议版本进行部署，也可以同时部署多个版本。由于系统平台可以同时支持多个版本的外部系统和客户端应用访问系统，特别是新版本客户端发布时，用户无须强制升级，也可以降低强制升级安装包发布的概率，从而支持系统客户端与系统平台分离的不断演进。

（10）安全评估

通过扫描器的扫描和评估，找出入侵者可以利用的网络漏洞，并给出检测到的漏洞的综合信息，包括位置、详细描述和改进建议，从而及时完善安全策略，降低安全风险。

安全管理器使用系统扫描程序定期（每周）/不定期（当发现新的安全漏洞时）扫描和评估 interface communication server 操作系统的安全漏洞。在 interface communication server 的操作系统上，连接到服务器的 scanner agent 用于检测服务器的内部漏洞，包括缺少安全补丁、字典中猜测的密码、不适当的用户权限、不正确的系统登录权限、操作系统中是否存在黑客程序、安全服务配置等。除了操作系统级安全扫描和风险评估外，系统扫描程序的应用还需要实现文档基线控制。

接口配置文件包括接口服务之间相互协调的配置文件和系统平台与接口系统之间协调的配置文件。严格控制接口服务应用的配置文件，配置文件中不得出现密码。系统权限配置应限制在满足要求的最低权限，密钥配置文件应加密保存。为了防止对配置文件的非法修改或删除，要求对配置文件进行文件级的基线控制。

（11）访问控制

访问控制不仅保证了接口本身的安全性，还进一步保证了应用支持平台的安全性。为了有效抵御威胁，应采用异构双防火墙结构，以提高破坏防火墙安全访问控制机制的难度。双防火墙在选型上采用异构模式，即采用不同厂家、不同品牌的完全异构防火墙。同时，至少一个双防火墙应具有与实时入侵检测系统交互的能力。当发生攻击事件或不当访问时，实时入侵检测系统检测相关信息并及时通知防火墙。防火墙可以自动进行动态配置，并在定义的时间段内自动阻止对源地址的正常访问。

系统到接口是集成的，系统只打开应用程序定义的特定端口。采用防火墙的地址转换功能，隐藏系统内部网络，向代理系统提供转换后的接口通信服务器地址和端口，禁止终端系统接口访问其他地址和端口，提供通过/未通过防火墙的所有访问记录日志。

（12）口令认证

通过接口安全控制系统对相关综合系统的业务操作请求进行一次性密码认证。为了保证接口的安全性，接口通信服务器等设备的运行和管理需要使用强密码认证机制，即使用动态密码认证机制。

（13）安全审计

为了保证接口的安全，实时收集、整理、统计分析接口通信服务器的系统日志和接口应用服务器的应用日志，并将其归档在不同的介质中。

（14）防恶意代码或病毒

由于 Internet 为用户提供 Web 服务，因此需要在 Internet 接口的网络边界点建立一个功能强大的反恶意代码系统，能够实时过滤基于网络的恶意代码。建立集中的反恶意代码系统控制和管理中心。

（15）加密

为了提高接口通信信息的保密性，确保应用支撑平台的安全性，系统平台与接口集成系统之间的相关通信可以进行链路加密、网络加密或应用加密，保证无关人员以及无关应用不能通过网络链路监听获得关键业务信息，充分保证业务信息的安全。

5.5 食堂审计对接模块

在食堂信息化中，审计对接模块主要采用 XML 格式进行数据交换。XML：可扩展标记语言。XML 是 Internet 数据传输的重要工具，它可以跨越互联网的任何平台，不受编程语言和操作系统的限制。可以说，它是互联网最高级别的数据载体。XML 是处理结构化文档信息的强大技术。XML 有助于在服务器之间传递结构化数据，这使开发人员能够更好地控制数据存储和传输。

XML 用于标记具有结构化标记语言的电子文件。它可用于标记数据和定义数据类型。它是一种源语言，允许用户定义自己的标记语言。XML 是标准通用标记语言（SGML）的子集，非常适合 Web 传输。XML 提供了一种独立于应用程序或供应商描述和交换结构化数据的统一方法。

根据上级对于食堂业务及财务审计的要求，完成与上级审计接口对接，主要采用 XML 格式进行交换，可能涉及的数据表共计 127 个，具体根据实际业务需要定制开发。系统支持 EAS 及 NC 这两种接口调用配置，根据不同的组织结构进行配置（见图 5－9）。

图 5－9 财务审计接口页面

系统支持在基础资料科目映射中定义每个基础资料的各种业务类型的科目和核算配置。例如，可以配置应收、收入、税金等科目的收费项目管理费。系统根据凭证模板定义，自动从对应业务单据的收费项目中获取相关科目和核算项目（见图5-10）。

图5-10 资料科目映射

系统支持直接在基础资料上定义科目编码，然后通过科目规则定义绑定相应的基础资料的科目编码列。例如，在费用项目上维护费用项目的应收科目编码，生成应收凭证时，系统根据对应业务费用项目的科目绑定字段自动获取费用项目的应收科目（见图5-11）。

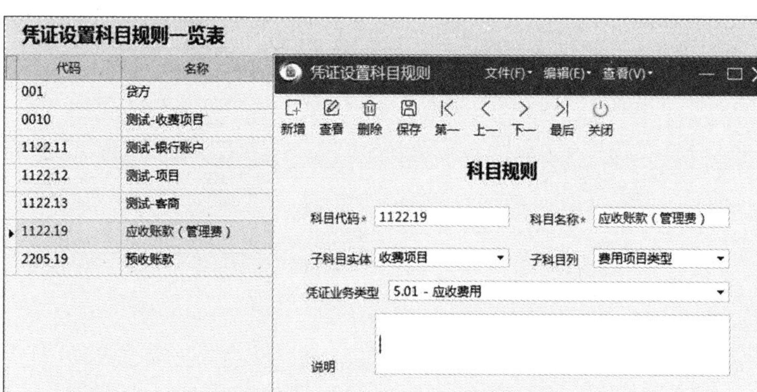

图5-11 凭证科目规则

支持应收费用、收款单、预收核销、预收退款单、保证金这五类业务费用（见图 5－12）。

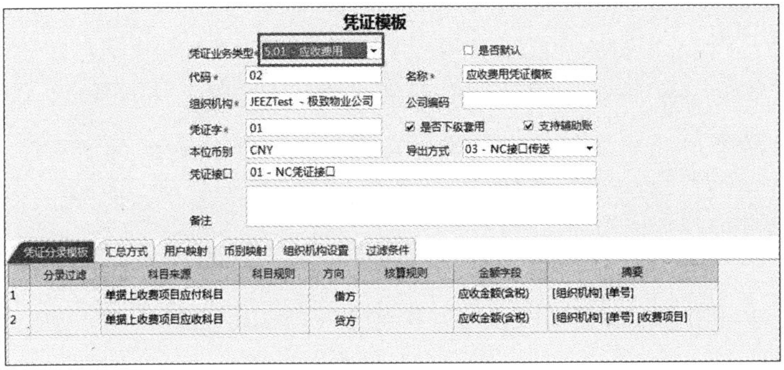

图 5－12　凭证模板

5.6　食堂区块链上链定制开发

建立私链，利用智能合约将智慧食堂中所需的数据全部上链，交由上级部门在链上审核或审批。已知与之相关的审批和分析数据表近百张，与物料相关的数据表近 500 张，具体根据实际业务需要定制开发。

数据链是指数据通过一致性机制打包在一个块中，成为一个新块，并链接到前一个块，成为链上可篡改的数据。以比特币为例，挖掘过程中会生成新的块。所谓的挖掘实际上是一种穷举随机数算法，它将前一个块的哈希值加上 10 分钟内的所有事务，然后添加一个随机数来计算 256 位字符串哈希值。输入的随机数 nonce 使哈希值满足一定条件，从而获得该块的事务记账权。新生成的块需要快速传播，以便其他节点可以验证它们以防止伪造。每个块存储上一个块的哈希值，可以追溯到源。只有经过验证，才能最终获得区块的交易记账权。比特币系统将允许矿业公司竞争记账权（链接主链上区块的权利）。这种竞争机制就是 pow 机制。采矿需要大量的精力和时间，谁支付的工作量越大，谁就越有可能获得区块的记账权。获得记账权的矿商将当前区块链接到前一区块，形成最新区块主链，矿商还将获得系统奖励的一定数量的比特币。所有区块都链接在一起，形成区块链的主链。从创建块到当前块，可以跟踪和查询区块链上的所有数据历史。这样数据的完整性在数据上链的过程中得到了保障。主要有以下几种方式：

（1）内容存证

所谓的内容存储证书意味着直接将我们想要存储的内容放入区块链。然而，众所周知，区块链上的存储空间极其宝贵且有限，因此这些内容通常不会太大。举个最简单的例子，我们发现在区块链上执行的应用程序，即我们经常调用的“智能合约”，通常没有非常强大的功能，而是采用编程语言，通常有少量编译代码，这就是为什么功能不强，就意味着代码量相对较小，编译代码占用的空间相对较小的原因，这些都是为了节省区块链上的空间。

由于区块链的开放性和透明度，将内容直接放在区块链上意味着这些内容是公开的。因此，它可能适合做出一些声明和版权，但不适合做大量内容的文本或具有隐私需求的内容。

（2）哈希存证

所谓的哈希证书是将文件内容的哈希值保存到链的上游。文件内容的散列值也通常被称为文件的“数字指纹”，其可通过对文件内容进行散列来获得。因为散列值的长度相对有限，例如，数万字内容的 sha256 的散列值仅为 256 个字符。如此长度的内容存储链对区块链没有压力。

您可以验证文件内容是否已被哈希证书存储篡改。例如，将原始文本的哈希值存储在区块链上。当我们再次获取该文件时，我们对其内容进行散列。如果它与存储在链上的内容一致，则认为该内容受信任且未被篡改。如果散列值不同，则认为内容已被篡改，不再受信任。这可以有效地防止软件被恶意植入病毒。公司可以将自己软件的“数字指纹”放入区块链。用户通过不同渠道下载的软件可以验证数字指纹是否发生了变化，如果有变化则认为软件中可能被植入了病毒或者木马，不再安全。

然而，很明显，这个方案只能知道文件是否被篡改，而不能知道真正的原始文本是什么。

（3）链接存证

链接的证书等同于哈希证书。在散列证书的基础上，添加了文件的 URI 地址，因此“文件地址 + 文件数字指纹”这两组东西存储在区块链上。这两组可以相互确认，例如，银行的安全插件要求我们在其官方网站上下载安全插件。

（4）隐私存证

所谓隐私证书就是对数据进行加密并存储在区块链上，这是为了应对区块链上数据的公开性和透明度而采取的策略。通常，对称加密用于数据加密。所谓对称加密是指用于加密和解密的密钥是一个。这种加密方案相对简单、快速，可以适用于大量数据的加密。

如果您的公司有一些股东协议或重要的东西需要长期保存，不会被篡改，但又不愿意让外界知道，可以先用这种方法对数据进行加密，然后再存储到区块链之上。之后如果需要调阅，可以下载之后再进行解密。

（5）分享隐私存证

共享隐私证书相当于隐私证书的下一步。加密文件后，应使用非对称加密再次加密的密钥。换句话说，文件内容的第一次加密是对称加密，密钥的第二次加密是非对称加密。所谓的非对称加密有两个密钥：公钥和私钥。

在上述情况下，如果将公司股东之间的协议添加到区块链中，则使用其自己的私钥对密钥进行加密。这样，其他股东可以解密加密股东的公钥，并在获得对称密钥后解密对称密钥以解密文件。当然，您也可以使用其他股东的公钥来加密密钥，这样每个股东都可以使用自己的私钥解密密钥。

（6）数据上链

区块链技术服务：区块链技术这个术语包含很多东西。一般来说，区块链技术是加密技术、共识机制、P2P 网络、分布式系统等技术的结合。那么云平台上的区块链技术主要是指这些技术结合后的区块链架构框架或区块链操作系统，主要是利用 hyperledger、Multichain、ETH private chain 等框架结合应用业务需求开发适合业务的应用，甚至这些应用要求也比现有的互联网技术要好。这种方法称为区块链技术服务。

区块链的本质：去中心化、分布式系统、共识机制、加密技术、智能合约，结合云技术、分布式计算、并行计算、网络分布式存储、虚拟化、负载均衡、动态资源分配等，按分类：公共链、联盟链和私有链。云平台：公有云、私有云、混合云。这两种技术的特点非常相似和一致。通过部署云平台，部署成本大大降低。云平台的容错、负载平衡和资源分配更好地为区块链提供底层服务。

目前，区块链 BAAS 支持多种业务场景和上行数据流量，是当前行业区块链解决方案的基础。区块链 BAAS 致力于构建一个开放、协作的平台，为世界各地的企业和个人提供便捷的服务，为世界带来更多的平等机会。那么如何组合区块链呢?

基于云平台的开放区块链技术可以充分利用云计算的弹性、高可用性和灵活性。同时，它可以充分发挥区块链自身信任基础设施的能力，如多方共识、可篡改性和可信度。具体来讲，有三大优点：

（1）客户可以根据实际需要来选择、定制适合的区块链服务。

（2）客户可以快速地实现部署使用，从而节省了宝贵的时间。

（3）结合上述两个优势，BAAS 可以最大限度地降低客户在业务和应用方面的投资成本，使解决方案能够在各个行业完成高效复制。通过这种方式，BAAS 已经为各个行业的连锁解决方案的基础设施提供了可靠和坚实的信任基础。

5.7 食堂财务智慧报表模块

智慧报表模块，需要支持移动端，支持移动端直接打印。已知与移动端相关的报表近 150 个，具体根据实际业务需要定制开发。

（1）财务报表定义

财务报表是以日常会计数据为基础，按照规定的格式、内容和方法定期编制的书面文件，全面反映企业在特定日期的财务状况以及特定期间的经营成果和现金流量状况。

（2）财务报表的作用

财务报告的主要组成部分是财务报表。它所提供的会计信息发挥着重要作用，主要体现在以下几个方面：一是全面展示企业在一定时期内的财务状况、经营成果和现金流量。有利于运行管理人员深入了解本单位各项任务和指标的完成情况，评价管理人员的运行业绩，及时发现问题，调整运行方向，制定措施，提高运行管理水平，提高经济效益，为经济预测和决策提供依据。二是帮助国民经济管理部门了解国民经济运行情况。通过对各单位提供的财务报表进行统计分析，可以了解和掌握各地区、各行业的经济发展情况，从而实现对经济运行的宏观调控，优化资源配置，确保国民经济稳定可持续发展。三是帮助债权人、投资者等利益相关者掌握企业的经营成果、财务状况和现金流量，进而分析企业的投资收益、偿债能力、盈利能力和发展前景，为企业的交易、投资、贷款提供决策依据。四是有利于满足税务、审计、财政、市场监管等部门对企业经营管理的监督要求。通过财务报表，我们可以监督每个企业是否遵守国家的各项制度、法规和法律，是否存在逃税行为。

(3) 财务报表的种类

财务报表可以根据不同的标准进行分类。

①按服务对象不同，可分为外部报表和内部报表。

外部报表是企业必须按照规定编制并定期报送上级主管部门、投资者、财税部门或向社会公布的财务报表。这是一份主要的、定期的、标准化的财务报表。它需要统一的报告格式、指标体系和编制时间。资产负债表、损益表和现金流量表属于外部报告。

内部报表是企业根据内部经营管理需要编制并供内部管理人员使用的财务报表。它不需要统一的格式，也没有统一的指标体系。例如，成本报告属于内部报告。

②根据报表提供的会计信息的重要性不同，可分为主报表和附表。

主表为主要财务报表，是指提供全面、完整的会计信息，能够基本满足各种信息需求的财务报表。目前主要有三个表，即资产负债表、损益表和现金流量表。

附表为下级报表，是对一些无法或难以在主表中详细反映的重要信息的补充说明。本附表主要包括：利润分配表和分部表，即利润表附表；应付增值税明细表和资产减值准备明细表，即资产负债表附表。主表和相关附表之间存在交叉核对关系。反映企业主要财务状况、经营成果和现金流量的是主表，附表是对主表的补充。

③根据编制和提交时间不同，可分为中期财务报表和年度财务报表。

狭义上，中期财务报表仅指半年度财务报表。广义上，中期财务报表包括月度、季度和半年财务报表。企业必须在每年年底编制并提交年度财务报表，全面反映企业在整个会计年度的经营成果和现金流量。

(4) 根据各个报告单位的差异，分为基层财务报表和汇总财务报表。

基层财务报表是基层单位编制的反映本单位财务状况和经营成果的独立会计财务报表。汇总表是指上级和管理部门将本单位财务报表与下级单位报送的基层报表相结合编制的财务报表。

(5) 根据会计主体的差异，可分为个别报表和合并报表。

个别报表是指以单个的独立法人作为会计主体的财务报表，是编制合并报表的依据。合并报表是指集团公司中的母公司编制的报表，它将其子公司的会计报表汇总后，抵销关联交易部分，得出站在整个集团角度上的报表数据。

5.8 食堂财务智慧监控移动端应用

食堂财务智慧监控移动应用是“食堂财务智慧监管系统”的移动化、智能化和信息化的延展。通过移动技术的开发实现远程比对和现场检查相结合的方式，有效节省人力、物力、财力。

食堂财务智慧监控移动端应用，通过手机、IPAD等移动设备进行精确、可靠的信息查询，通过数据分析、数据挖掘，向食堂运营商、主管和财务人员提供相应的移动分析报告，以便决策者选择最佳实施方案，改进管理，提高效率，实现实时传输、实时查询和实时预警，以提高企业的经济效益。如将采购后的采购物品、采购数量、采购单价、采购时间等一一列明，可以比较同一时间段相同物品的价格，在做到阳光采购的同时，便于食堂经营管理者选择不同的商家和对应的服务（见图5-13）。

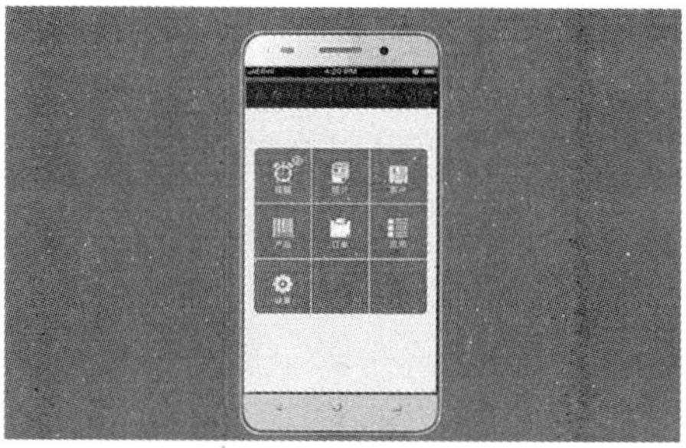

图5-13 移动端样式

移动应用。广义上的移动应用包括个人和企业应用。从狭义上讲，移动应用程序指的是企业业务应用程序。移动应用程序不仅仅是在手机上运行软件，它涉及企业信息化应用场景的改进和扩展，带来 ERP 的延伸，使 ERP 无处不在，通过广泛的产业链合作，为用户提供低成本的整体解决方案。移动应用将带来企业信息化商业模式的创新与变革。

提供食堂财务智慧监控系统的移动端应用，方便各级领导以及业务部门随时随地了解和掌握食堂财务相关数据、相关事件。移动端设计原则简洁好用、大方大气，结构逻辑合乎情理，易于定位或快速找到所需的功能。

数据可视化在移动终端上的主要体现是“数据图表”。我们最常用的数据设计组件是：条形图、折线图、环形图等。它们易于理解，易于被用户接受（见图 5－14）。

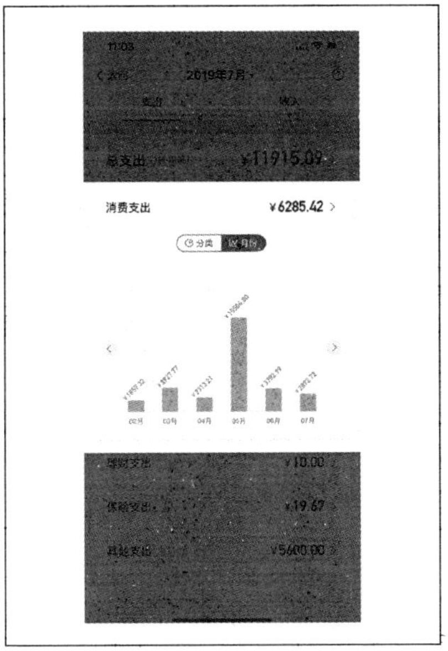

图 5－14 移动端报表样式 1

数据可视化是一种理性思维。产品可以通过图表清晰地反映用户在每个项目中花费的时间和精力，用户可以通过图表的形式快速理解信息。目前，IOS 和 Android 平台还没有推出数据可视化的设计规范，但只要我们按照平台的基本规范进行设计，相信我们可以设计出美观大方的数据图表。

在数据可视化设计的时候，我们首先要注意的是尽量避免使用“复杂”的数据表现形式；对于一般用户，我们始终要贯彻简单易懂的原则。其次，在选择数据表示时，必须考虑它是否适用于目标数据。如果数据背后的信息无法清晰地传输给用户，建议您重新分析并替换数据表示。在我们经常使用的数据图表中，直方图适用于数值比较；折线图适用于数据趋势显示；饼图和环形图适用于各类数据比例比较。

这里我们需要注意的是，虚线适合于比较具有一致关系的数据纬度，而柱状图不是必需的。我们以不同蔬菜的价格比较和个别蔬菜的价格趋势为例。例如，当我们比较各种蔬菜的价格时，折线图是不合适的，因为各种蔬菜之间没有连贯的逻辑关系，而柱状图则能清晰地表达蔬菜之间的价格比对（见图 5 - 15）。

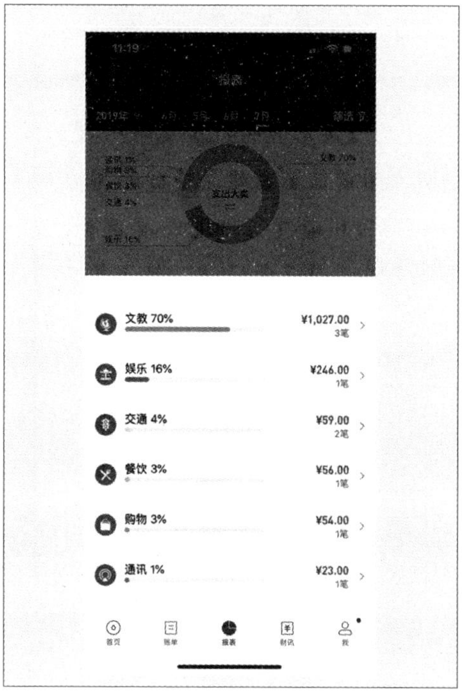

图 5 - 15 移动端报表样式 2

蔬菜品种间没有连续性，不宜采用折线图；通过连续的“时间”纬度比较单个蔬菜的价格趋势，因此折线图更适合于趋势图。

饼图不适合显示分类过多的数据。随着数据类型的增加，切片的数量也会增加。每个切片的大小如果太过近似，将无法达到数据比较的目的。

与 PC 相比，手机屏幕的显示区域有限，不适合显示数据纬度过大的数据。假设我们遇到数据纬度众多的数据，我们可以通过横轴交互来增加数据展示区域（见图 5－16）。

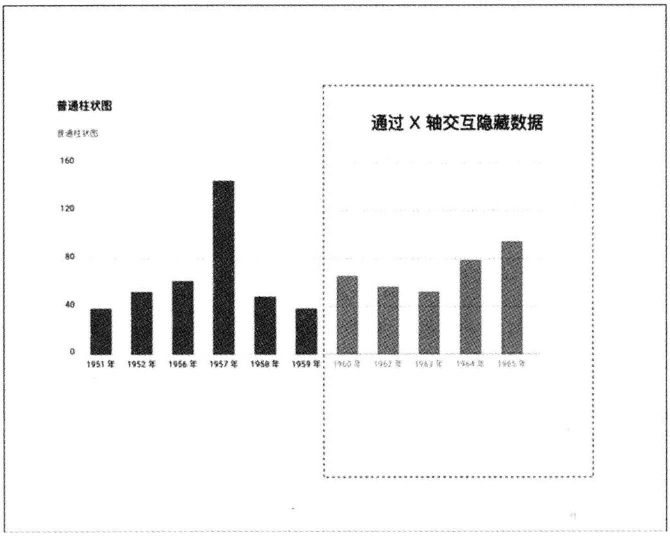

图 5－16　移动端报表样式 3

5.9　食堂电子凭证管理模块

电子证书也称为电子证书。电子证书可视为“网上身份证”，可在网上核实持有人的身份。电子凭证可以保证电子传输过程中数据的完整性和保密性，并保证相关电子交易完成后双方已进行交易的确认。

凭证主要包括食堂出入库和核销两大环节，包括但不限于食堂出库、入库、出库报警、库存报警、出库凭证、入库凭证、审核凭证，已知的全部电子凭据超过 100 种。具体根据业务实际需求进行定制开发（见图 5－17）。

系统模块主要性能如下：

凭证管理：凭证录入/凭证审核/凭证过账/凭证退回/凭证退回/凭证查询/凭证创建/复制。

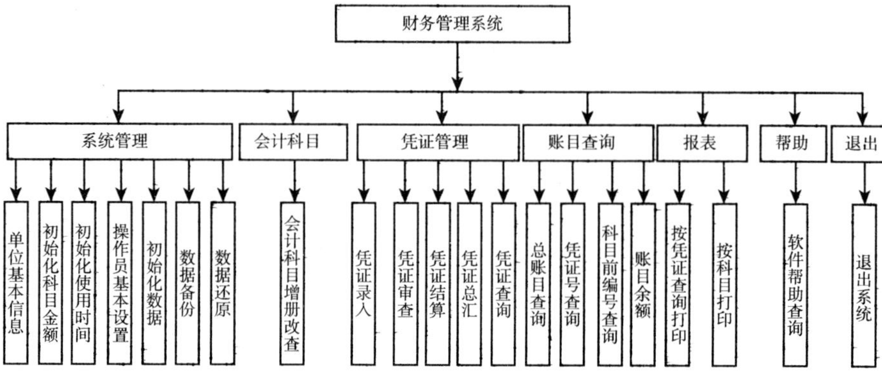

图 5－17 电子凭证管理

凭证出纳管理：现金出纳/银行出纳/支票管理/银行票据管理月末处理：试算表/月结/年结/月结/年结。

财务管理：财务报表分析/财务分析/账龄分析/现金流量分析/财务报表合并/个人会计/部门会计/项目会计/自动转账。

电子凭证管理业务流程如图 5－18 所示。

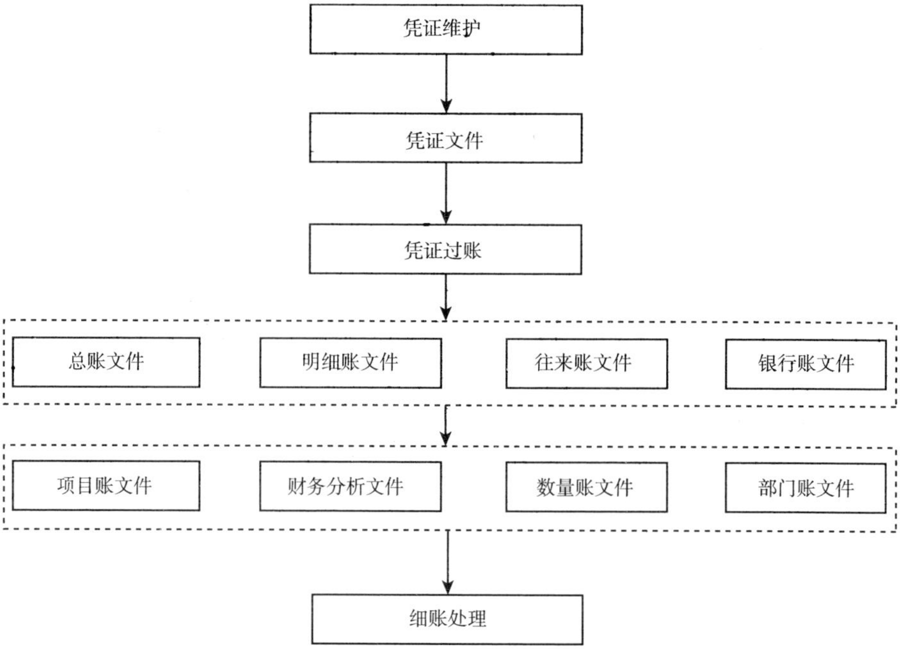

图 5－18 电子凭证管理业务流程

数据库需求设计

根据系统要求，分公司可以列出以下数据项和数据结构。

①会计类别表：用于记录使用会计科目类别，一般在会计业务处理中，将会计类别区分为8个类别：1资产类，2负债类，3所有都权益，4营业收入，5营业成本，6营业费用，7非营业收入，8非营业费用。

②重要术语表：用于记录会计系统各种传入交易中经常使用的专有名称或普通名词，用于各种会计目的，以减少人工输入的工作量。

③会计科目表：用于存储会计科目信息。

④科目余额记录主表：用于保存各科目的年度余额和预算信息。

⑤凭证资料主表：用于保存会计凭证主要及汇总信息项目。

⑥凭证资料科目记录主表：用于保存会计凭证科目明细信息。

⑦凭证编码主表：记录生成会计凭证号信息。它也是会计凭证的自动编码表，从中生成凭证号。

⑧部门资料主表：用于记录企业部门信息。

⑨人员资料主表：用于记录企业员工信息。

本系统设计使用的基本表如表5-2至表5-10所示。

表5-2　　会计类别表 MACCSET

中文字段名	字段名	字段类型	字段长度
会计类别编号	Acc_Set	varchar	3
会计类别名称	Acc_AnA	varchar	16
会计类别性质	Acc_Dis	varchar	1
创建人标编号	Acc_Usr	varchar	16
建立日期	Acc_Date	varchar	8
列新日期	Acc_Last	varchar	8

表5-3　　重要词汇表 MACNAME

中文字段名	字段名	字段类型	字段长度
会计类别编号	Acc_Set	varchar	3
会计类别名称	Acc_AnA	varchar	16
会计类别性质	Acc_Dis	varchar	1
创建人标编号	Acc_Usr	varchar	16

续表

中文字段名	字段名	字段类型	字段长度
建立日期	Acc_Date	varchar	8
列新日期	Acc_Last	varchar	8

表 5-4　　常用分录表 ACCREC

中文字段名	字段名	字段类型	字段长度
常用分录编号	Acc_Rno	varchar	8
常用分录名称	Acc_SNA	varchar	16
创建人标编号	Acc_Usr	varchar	16
建立日期	Acc_Date	varchar	8
列新日期	Acc_Last	varchar	8

表 5-5　　会计科目余额表 ACCAMTBA

中文字段名	字段名	字段类型	字段长度
会计科目编号	Acc_N0	varchar	8
部门编号	DEP_N0	varchar	12
会计年度	Acc_YEAR	varchar	4
当前余额	Now_BAL	Numeric	16，1
1 月份余额	Now_01	Numeric	16，1
2 月份余额	Now_02	Numeric	16，1
3 月份余额	Now_03	Numeric	16，1
4 月份余额	Now_04	Numeric	16，1
5 月份余额	Now_05	Numeric	16，1
6 月份余额	Now_06	Numeric	16，1
7 月份余额	Now_07	Numeric	16，1
8 月份余额	Now_08	Numeric	16，1
9 月份余额	Now_09	Numeric	16，1
10 月份余额	Now_10	Numeric	16，1
11 月份余额	Now_11	Numeric	16，1
12 月份余额	Now_12	Numeric	16，1
年度预算	Cos_Bal	Numeric	16，1
1 月份预算	Cos_01	Numeric	16，1

续表

中文字段名	字段名	字段类型	字段长度
2 月份预算	Cos_02	Numeric	16, 1
3 月份预算	Cos_03	Numeric	16, 1
4 月份预算	Cos_04	Numeric	16, 1
5 月份预算	Cos_05	Numeric	16, 1
6 月份预算	Cos_06	Numeric	16, 1
7 月份预算	Cos_07	Numeric	16, 1
8 月份预算	Cos_08	Numeric	16, 1
9 月份预算	Cos_09	Numeric	16, 1
10 月份预算	Cos_10	Numeric	16, 1
11 月份预算	Cos_11	Numeric	16, 1
12 月份预算	Cos_12	Numeric	16, 1
创建人标编号	Acc_Usr	varchar	16
建立日期	Acc_Date	varchar	8
列新日期	Acc_Last	varchar	8

表 5-6　　凭证资料主表 COUNTACC

中文字段名	字段名	字段类型	字段长度
凭证编号	Acc_MA_N0	varchar	11
凭证日期	Acc_MA_DT	varchar	8
凭证总金额	Acc_MA_AMT	Numeric	16, 1
核准余额	Acc_CK_AMT	Numeric	16, 1
总项数	Acc_ITEM + AMT	Numeric	16, 1
部门编号	Acc_DEPT	varchar	12
常用分目录	Acc_STATUS	varchar	11
凭证备用编号	Acc_X_N0	varchar	11
凭证类别	Acc_MARK1	varchar	80
备注说明	Acc_MARK2	varchar	80
借方总金额	Acc_D_A	Numeric	16, 1
贷方总金额	Acc_C_A	Numeric	16, 1
创建人标编号	Acc_Usr	varchar	16
建立日期	Acc_Date	varchar	8
列新日期	Acc_Last	varchar	8

表 5 - 7　　凭证资料科目表 DETAILACC

中文字段名	字段名	字段类型	字段长度
凭证编号	Acc_MA_NO	varchar	11
凭证日期	Acc_MA_DT	varchar	8
序号	Acc_SEQ	Numeric	16，1
会计科目	Acc_NO	Numeric	16，1
摘要说明	Acc_A_KM	Numeric	16，1
借/贷方	Acc_CD	varchar	12
借方总金额	Acc_D_AMT	varchar	11
贷方总金额	Acc_C_AMT	varchar	11
凭证类别	Acc_Dept	varchar	80
备注说明	Acc_MARK1	varchar	80
创建人标编号	Acc_Usr	varchar	16
建立日期	Acc_Date	varchar	8
列新日期	Acc_Last	varchar	8

表 5 - 8　　凭证编码主表 ACCNUMBER

中文字段名	字段名	字段类型	字段长度
年度	Acc_YEAR	varchar	4
月份	Acc_MONT	varchar	2
日期	Acc_DAYS	varchar	2
序号	Acc_SEQ	varchar	6
创建人标编号	Acc_Usr	varchar	16
建立日期	Acc_Date	varchar	8
列新日期	Acc_Last	varchar	8

表 5 - 9　　部门主表 DEPTMAIN

中文字段名	字段名	字段类型	字段长度
部门代编号	DEPT_NO	varchar	8
部门名称	DEPT_NAME	varchar	36
部门代属性	DEPT_PROP	varchar	12
创建人标编号	Acc_Usr	varchar	16
建立日期	Acc_Date	varchar	8
列新日期	Acc_Last	varchar	8

表 5－10 凭证资料科目表 DETAILACC

中文字段名	字段名	字段类型	字段长度
人员编号	EMPL_NO	varchar	12
人员姓名	EMPL_NAME	varchar	16
英文名称	EMPL_ENAM	varchar	36
部门代码	DEPT_NO	varchar	8
电话号码	EMPL_TEL	varchar	36
地址	EMPL_ADD	varchar	36
身份证号	EMPL_IDNO	varchar	10
性别	EMPL_SEX	varchar	1
创建人标编号	Acc_Usr	varchar	16
建立日期	Acc_Date	varchar	8
列新日期	Acc_Last	varchar	8

各个表实体关系如图 5－19 所示。

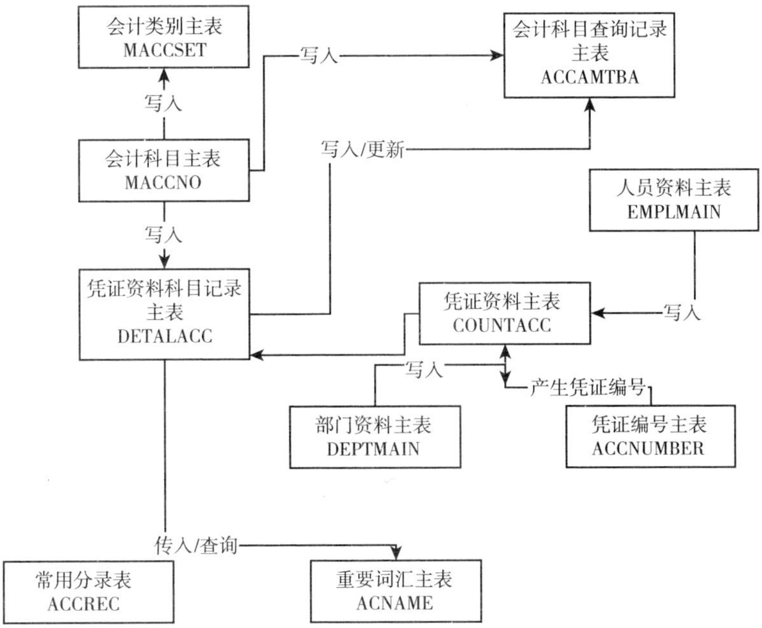

图 5－19 实体关系图

5.10 食堂财务智慧监管定制开发

原有的相关应用系统开发时间较早，信息化评估不足，相对于当前业务需要已经越来越不能满足。随着原开发供应商的业务重心转移，以及出于原有系统老旧构架体系的限制，在原有系统上不断迭代改进的空间越来越小，因此不排除投标方需要将原有老旧系统全盘替换升级的可能性。财务智慧监管定制功能如图 5－20 所示。

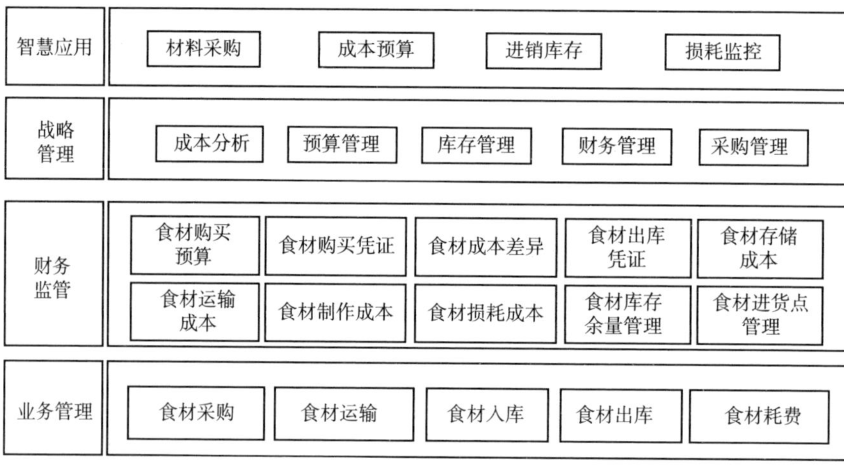

图 5－20 财务智慧监管定制功能

金融监管云：为管理者、全体员工、销售人员和第三方业务系统提供具体应用，实现金融自助和服务共享。

战略财务：整合预算管理和商业智能，促进企业战略的实施，协助决策分析。

企业财务：建立基于全业务流程的财务核算体系、成本管理体系和资金管理体系，实现企业与财务的融合。

智慧财务功能如图 5－21 所示。

智动记账：

（1）业务处理到报表生成全自动处理。

（2）自动生成多维度分析报表。

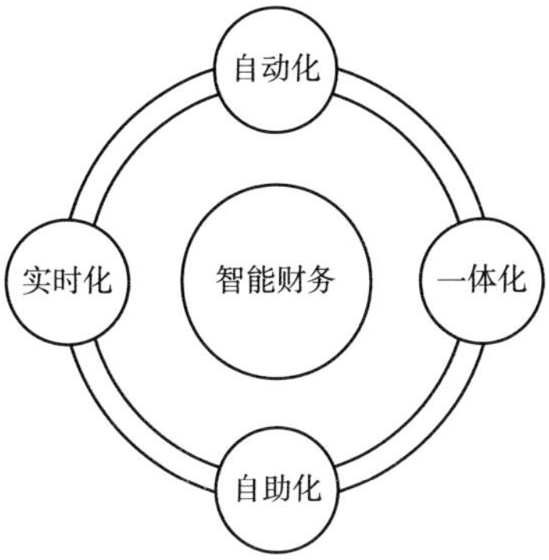

图 5－21 智慧财务功能

智能管控：

（1）全业务过程成本管理。

（2）全过程监控资金收付。

智慧分析：

（1）更精细、更全面的分析维度。

（2）业务财务支持决策分析的实时化。

自动服务：

（1）自助查询工资。

（2）自助查询报销进度。

（3）经理人自助查询经营报表。

5.11 食堂供应链管理系统

食堂供应链系统所涉及的原材料供应厂商、采购部门、食堂及小组等成员通过与上下游关系连接组成网络结构（见图 5－22）。

在满足一定客户服务水平的情况下，为了使整个食品原料供应链系统的成本最小化，有效组织生产商、采购中心、食堂仓库、加工队伍等的餐饮生产和销售的管理方式，它包括计划、采购、生产、配送和退货。

解决好“安全、供应、价格”的矛盾，决定了高校餐饮食品供应的管理模式和成本。传统的、地方化的餐饮管理模式越来越难以适应劳动力成本

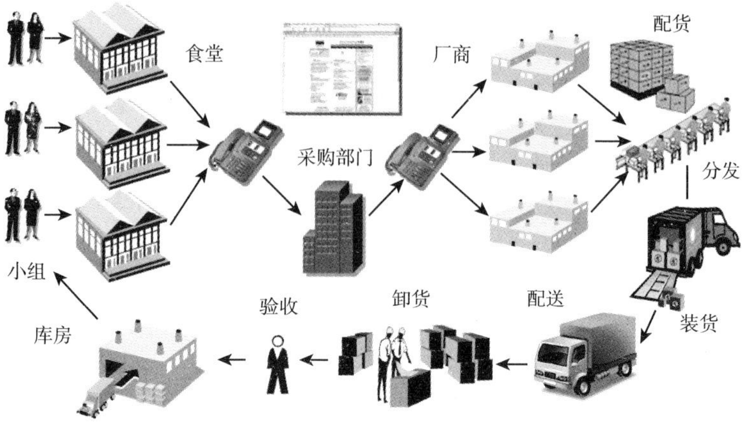

图 5-22 供应链管理

上升、价格水平上升、食品安全管理成本上升的现实。

餐饮管理流程设计如图 5-23 所示。

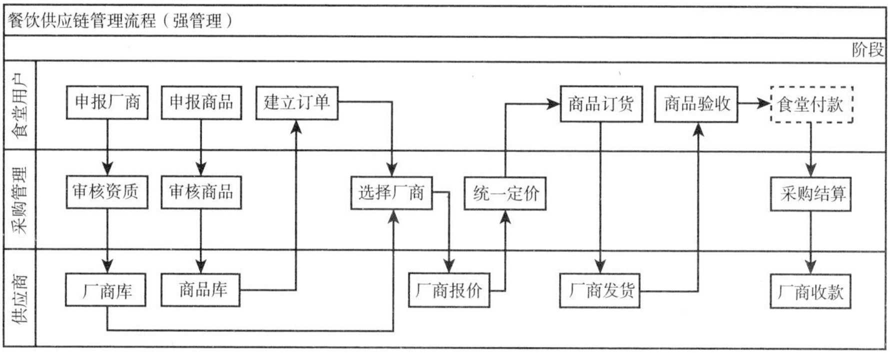

图 5-23 餐饮管理流程设计

(1) 系统角色权限

系统角色权限安全灵活，平台的用户管理和角色权限可以通过用户、功能权限、部门权限、数据权限等方式全面保障数据的安全性，实现数据的保密、开放、分级使用；采用 Shiro 权限控制框架实现一个权限管理功能（由一个超级管理员进行管理分配相应的权限，相应的组下面给相应用户只能获取相应的权限），按照角色、级别设置权限。领导可以看到全部的数据；每个测试组可以看自己的数据。

（2）系统角色权限

实现对部门增删改查的功能。实现对角色增删改查的功能，对角色增删改查赋予相关的功能权限和数据权限。实现对管理员管理增删改查的功能，对每个用户赋予相关角色的权限功能。

（3）系统部门维护（见图 5－24、图 5－25）

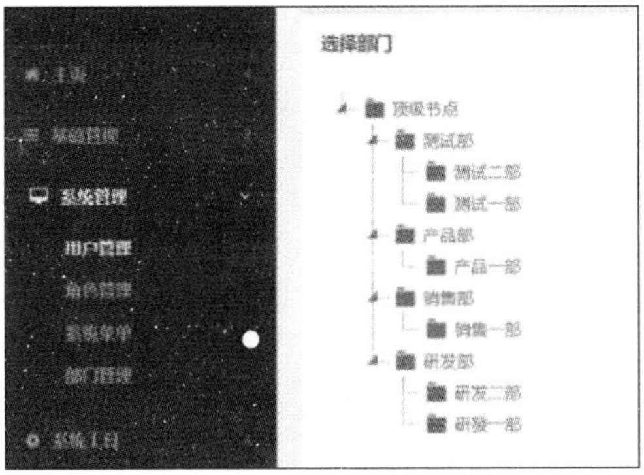

图 5－24　系统用户部门

图 5－25　添加/修改用户部门

（4）系统角色维护（见图 5－26、图 5－27）

图 5－26　系统角色信息

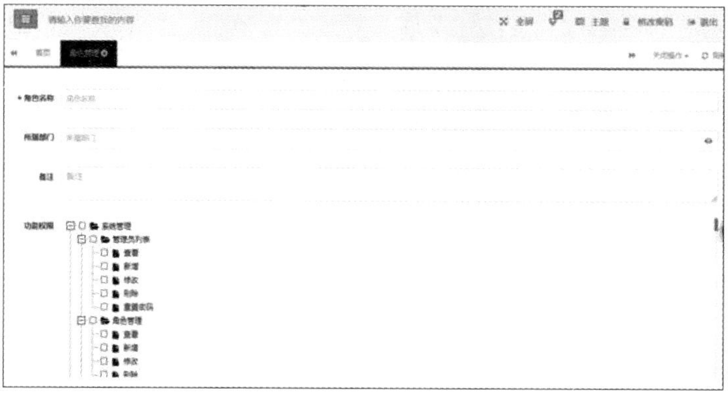

图 5－27　添加/修改系统角色

（5）系统用户维护（见图 5－28、图 5－29）

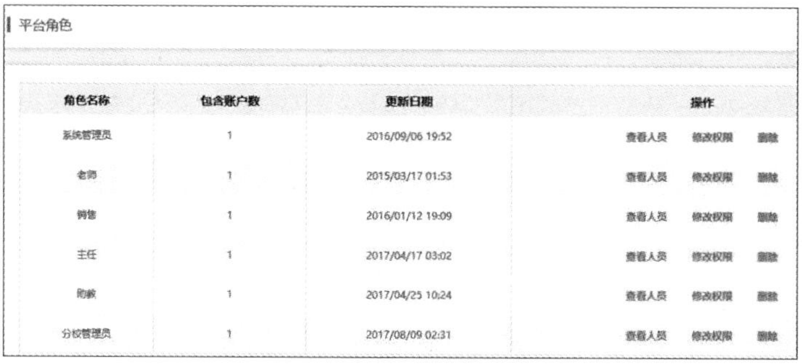

图 5－28　系统用户信息

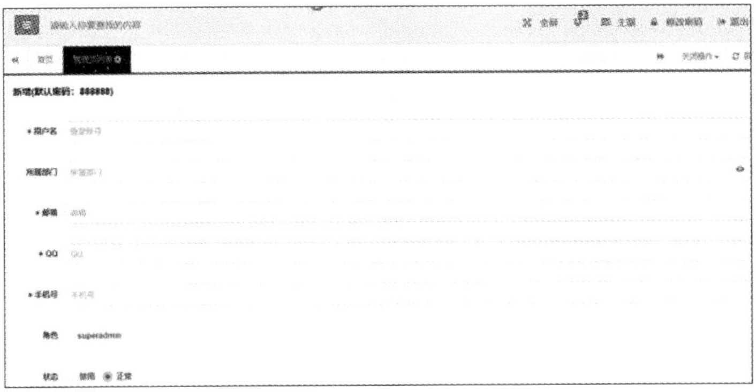

图 5-29 添加/修改系统用户

参考文献

[1] 陈潇怡，李颖．大数据时代企业集团财务共享服务的创建［J］．财会月刊，2017（04）：17－21.

[2] 李忠顺，周丽云，谢卫红，成明慧，董延峰，蒋峦．大数据对企业管理决策影响研究［J］．科技管理研究，2015，35（14）：160－166.

[3] 傅元略．智慧会计：财务机器人与会计变革［J］．辽宁大学学报（哲学社会科学版），2019，47（01）：68－78.

[4] 王洋．企业财务风险管理的智慧［J］．企业研究，2004（05）：67－68.

[5] 田高良，陈虎，孙彦丛，刘扬．“大智移云物”背景下的财务转型研究［J］．财会月刊，2019（20）：3－7.

[6] 余姝纬．“十三五”规划期间高校财务信息化平台设计与研究——基于“互联网＋教育”智慧校园建设［J］．商业会计，2017（11）：67－70.

[7] 卢强，刘贝妮，宋华．中小企业能力对供应链融资绩效的影响：基于信息的视角［J］．南开管理评论，2019，22（03）：122－136.

[8] 李闻一，李栗，曹菁，陈新巧．论智慧财务的概念框架和未来应用场景［J］．财会月刊，2018（05）：40－43.

[9] 孟乾坤，裴潇．智慧财务管理：本质、形式及实施路径［J］．财会月刊，2018（03）：59－64.

[10] 周蕾，王珺阳，董晓冉．“大智移云”背景下财务共享服务中心绩效评价体系的构建［J］．南都学坛，2019，39（01）：111－116.

[11] 郭菲．“智慧校园”背景下财务信息化管理模式研究［J］．会计之友，2018（12）：131－134.

[12] 张超．“大智移云”时代财务共享服务中心建设若干问题探讨［J］．商业会计，2018（24）：36－40.

[13] 董冠群．中小企业供应链管理策略研究［J］．商业经济，2017（05）：22－24.

[14] 谢秋玲，崔斌，张珊，刘天真．智慧校园视角下高校财务管理信息化顶层设计研究［J］．青岛科技大学学报（社会科学版），2019，35（04）：58－62.

[15] 陈财柳，刘璇斐，赵岚岚，银琳．基于业财融合视角的公立医院智慧财务体系研究［J］．商业会计，2020（05）：79－82.

[16] 李正．基于大数据背景下企业财务管理体系建设研究［J］．知识经济，2019（03）：108－109.

[17] 张敏．财务管理在现代企业管理中的地位和作用研究［J］．财经界，2019（33）：183.

[18] 陈芳英．试论加强财务资金管理提升企业竞争力［J］．商讯，2021（02）：17－18.

[19] 张佳琦．基于财务供应链下的企业财务管理模式创新分析［J］．商展经济，2021（03）：70－72.

[20] 黄海君．从财务与会计的区别谈财务管理的内涵［J］．财会学习，2016（05）：66－67.

[21] 魏建双．浅谈财务管理的内涵［J］．中小企业管理与科技（上旬刊），2008（06）：95.

[22] 由雪鑫．浅析财务数据可视化在财务管理中的作用［J］．科技经济导刊，2020，28（13）：233.

[23] 李清，刘轩．基于财务共享服务的信息化标准需求研究［J］．中国标准化，2020（S1）：181－183.

[24] 廖倩．数据化条件下的财务审计创新策略分析［J］．财经界，2020（26）：205－206.

[25] 伍青桐．大数据背景下中小企业供应链管理博弈策略研究［J］．

科技经济导刊，2021，29（19）：174－176.

［26］李保仙．“大智移云”背景下财务会计向管理会计转型的策略研究［J］．佳木斯职业学院学报，2021，37（07）：47－48.

［27］刘美灵．大数据环境下行政机关财务管理信息系统应用探讨［J］．中小企业管理与科技（上旬刊），2021（08）：116－117.

［28］邓芳．互联网背景下企业财务管理模式的创新研究［J］．中国集体经济，2021（21）：153－154.

［29］邹曙波．精细化管理在企业财务工作中的应用［J］．时代金融，2021（18）：46－48.

［30］闫超全．集团企业财务共享服务中心的构建策略［J］．企业改革与管理，2021（12）：180－181.

［31］陈芳．“大智移云”背景下企业财务会计向管理会计转型探讨［J］．老字号品牌营销，2021（07）：91－92.

［32］赵聪．会计信息系统下企业财务管理的运用探析［J］．纳税，2021，15（18）：85－86.

［33］张宇涵．对国有企业智慧财务管理及创新的思考［J］．商业经济，2021（07）：148－149.

［34］杨阳．财务共享模式下高校科研项目财务系统构建［J］．教育财会研究，2021，32（03）：56－62.

［35］罗璇．智慧校园建设背景下高校财务信息化建设研究［J］．财会学习，2021（20）：10－12.

［36］杨文杰．营运资金管理和全面预算管理实践［J］．财会学习，2021（10）：81－82.

［37］方媛媛．供应链管理下企业财务管理模式分析［J］．山西农经，2021（06）：126－127.

［38］齐春慧．大数据背景下智慧财务管理体系建设的探讨［J］．商讯，2021（15）：26－28.

［39］郭慧金．集团财务共享服务中心构建的案例研究［J］．中国注册会计师，2021（06）：116－120.

［40］徐辉强．谈谈财务与会计的内涵和外延［J］．财务与会计，1982

(05)：18+21.

[41] 彤显科，李晓明. 基于全价值链维度的库存管控模式探索实践 [J]. 军工文化，2020 (09)：72-74.

[42] 陈玲晖. “大智移云”时代背景下对企业财务会计的影响及策略探析 [J]. 今日财富，2021 (10)：171-172.